ペリー提督・老中首座阿部正弘・江戸庶民

紋田允宏

鳥影社

ペリー提督・老中首座阿部正弘・江戸庶民

本文中イラスト　門田直子

嘉永六年六月三日（一八五三年）のたそがれ近く、江戸の町では早馬の蹄の音が、慌ただしく響き渡っていた。早馬は、浦賀奉行・戸田伊豆守氏栄から幕府に急報されるものだった。江戸湾では、浦賀から江戸に向かう早船もひっきりなしに行き交っていた。

また、飛脚が町中を脇目も振らずに突っ走っていた。江戸の町の人びとは何事がおきたのだろうかと不安な表情で、顔を寄せ合っていた。

異変に気づいたかわら版の版元・相模屋利佐衛門は、すぐさま書き手の岡崎嘉平次と絵師の門之助を呼び出した。

知り合いの飛脚から情報を仕入れた利佐衛門は、

「江戸湾の入口の浦賀沖に、ばかでかい異国の船が現れたらしい。すぐ早船を飛ばして浦賀に行ってほしい。金のことは心配しなくていい。これはかわら版にとって格好のネタだよ。彫り師の彌之助と刷り師の慎二郎に手配しておくから、全力で取り組んでくれ！

　このネタは売れるぞ！」

　三十を過ぎていまだ独り身の岡崎嘉平次は、佐倉藩の元藩士で、寺子屋を営むかたわら副業でかわら版の書き手をしている。嘉平次は武士という仕事が性分に合わず、上役の許しを得て宮仕えを辞めていた。

　絵師の門之助は、元は狩野派の一門にいたが、一門の流儀に締めつけられないで、自由に絵を描きたくて一門から離れていた。

　元侍の嘉平次は乗馬が得意だったが、絵師の門之助は馬を扱うことはできなかった。

版元の利左衛門は、

「そうは言っても門之助は馬には乗れねんだなぁー。しょうがねぇー、品川まで早駕籠を飛ばして、品川から船で行け。乗り合いではなくて、貸し切りで飛ばして行け！　金のことは気にしなくていい。船頭が言うことを聞かなかったら、かわら版屋の利左衛門の名前でつけにしとけ！

　明日の暮六つまでには帰って来い！　明後日の明け六つまでには、かわら版を仕上げるんだぞ！　身体にだけは気をつけて怪我をするなよ！　さぁ、早駕籠が来た。

さぁ！　行け！」

岡崎嘉平次と門之助は、日本橋の小伝馬町から二挺の早駕籠に乗って品川まで駆けつけ、なんとか早船を調達することができた。船頭は二人を頼んだ。

早船は神奈川沖から金沢沖、榎戸沖、大津沖を通る海路で進み、どうにか日が沈み切る前には浦賀に到着した。

浦賀の沖では、黒塗りのばかでかい蒸気船が二隻、帆船を一隻ずつ曳航しながら煙突からもうもうと煙を上げていた。

黒塗りのその船の周りでは、浦賀奉行所のものらしい小船が何艘も幟をはためかしていた。

嘉平次と門之助は、黒塗りの蒸気船の詳しい様子を知りたいと思ったが、夕闇の中では難しかった。二人はその日は諦めて、翌日の夜明けに仕事を始めることにして、品川から乗って来た船の船頭にも酒代をはずんで居続けてもらうことにした。

翌日、夜明けを待って書き手の嘉平次と絵師の門之助は、朝飯をかきこんで小船に乗り込んだ。

昨日夕闇のなかで見た黒塗りのばかでかい船は、朝日の中で改めて目にすると巨大な龍のようであった。

嘉平次と門之助はかわら版のことは忘れて、龍のような異国船にただただ目を見張るばかりだった。

我に返った嘉平次が、

「絵のほうは頼んだぜ！　わしは、浦賀奉行所の役人から、船の大きさや備えつけてある大砲の数などの情報をできるだけ聞き出してみるよ。昼過ぎの八つまでにきょうの仕事は切り上げて波止場でおち合おう。夜までに江戸に立ち帰って今夜は徹夜作業だなぁー。頑張ろうぜ！　じゃぁな！」

と、門之助に呼びかけてから浦賀奉行所の役人の方に駆け出していた。

版元相模屋利左衛門の工房は、日本橋の小伝馬町にあった。暗くなった五つ半すぎに小伝馬町に戻りついた嘉平次と門之助は、利左衛門にかいつまんだ報告を済ませ、さっそく仕事に取り掛かった。

工房では、彫り師の彌之助と刷り師の慎二郎が茶をすすりながら仕事に備えていた。

真夜中の八つ半に原稿と絵が出来上がった。彫り師の彌之助は、ひと言も喋らず版木に向かっていた。木版を削る鑿《のみ》の音だけが工房に響いていた。

朝日が工房に差し込んできた。朝の五つ半に、原稿と絵の一枚刷りの版木が出来上がった。刷り師の慎二郎が、すぐさま刷りに取りかかった。

版元の利左衛門が、刷り師の慎二郎に向かって、

「三四郎には手筈は話してある。その先は、売れ行きを見てからだ！　二番刷り、三番刷りもあるから心積もりしておいてくれ！」

慎二郎は、

「へい！　心得ておりやす！」

と、短く応えていた。

正午過ぎの九つ半に、最初の刷りが出来上がった。

版元の利左衛門は、かわら版売りの装束の深い編笠を被って用意万端だった売り子の三四郎と喜助に向かって、

「まずは、人形町辺りで売ってくれ！　とりあえず、一部四文だ。二版、三版も続けて刷り上げるから、売り切ったらすぐ帰って来てくれ。こんどは二人一組ではなくて、一人ずつ二手に分かれて売って貰うぞ！　さぁっ、行け！」

と、気合を入れて送り出した。

一枚刷りのかわら版には、紙面の中心に、もうもうと煙を上げるばかでかい黒塗りの蒸気船が描かれている。周りを日本の小型帆船が取り囲んでいる。巨大な船の先頭にはアメリカの国旗がたなびいている。モクモクと煙を吐いている。船腹の両側ではなにやら大きな車輪のようなものが回って、帆も張らずに自在に動き回っている。黒船は石炭を燃やしてボイラーで蒸気をおこし、その蒸気でエンジンを動かして、黒船の中央の両側面にある大きな車輪のような外輪を回転させて推進力としている。

蒸気で船体の両側にある外輪を回転させて推進力とする蒸気船が日本に現れたのは初めてだ。幕府に対する礼砲であろうか、大砲を空砲でぶっ放している。空砲の音は、浦賀の町に轟き渡っていた。町人の中には、大八車に家財道具を積み込んで港から離れた町へ引っ越す人もいた。

初めて目の前にした黒船は、伊豆大島が動き出したように巨大である。


人形町の街角では、江戸時代では「読売」と呼ばれていた売り子の三四郎と喜助が、

「てぇーへんだ！　てぇーへんだ！　黒い化け物のようなばかでかい異国の船が、浦賀に現れたよ！　そのうち、江戸表に現れるかもしれねぇーよ。うちの書き手と絵師が浦賀まですっ飛んで行って異国のばかでかい黒船を見て来たんだ！　とりあえず第一報は一部四文にまけとくよ！　さぁ、早い者勝ちだよ！　そこのいなせなお兄さん、一部どうだい！」

と、声を張り上げていた。

江戸の庶民にも、黒い化け物のような異国船の噂が、アッという間に広がっていた。江戸の庶民は不安におののくばかりであった。かわら版は瞬く間に売り切れてしまった。

三四郎は、

「これはまだまだ売れるぜ！　一足先に走って帰って、版元の親方に二版、三版にす

ぐに取りかかるように伝えてくれ！」

と、喜助に指示した。

喜助は
「あいよっ！」

と威勢よく返事すると、版元の工房がある小伝馬町の方へ駆け出して行った。

工房では、版元の相模屋利左衛門が書き手の嘉平次と絵師の門之助に、

「二版、三版をつくるから、一版とダブらないように原稿と絵を仕上げてくれ！　特に絵のほうは、色刷りで目立つように差し替えてくれ！　昨夜はあまり寝てないようだが、黒船はかわら版にとって最高のネタだよ。手当をはずむから、なんとか頼むよ！」

と、頭を下げていた。

嘉平次と門之助は、当然だという顔つきをして親方に向かって軽く頷いて紙に向かって黙々と筆を動かしていた。

第二版が出来上がった。縦七寸ほど、横十二寸余りの大版の一枚刷りのかわら版には、中央に龍のような黒船の絵が大きく描かれ、左上に全長や幅、大砲の数などの

データに加えて、右上には、世界やアメリカなどについての情報も載せられていた。

世界萬国ハ四大海六大州アリ　アシア州　ヨウロッパ州　リミヤ州　メカラニカ州　南北アメリカ州是ナリ　大日本国ハアシア州ノ内東ニアタル島国ナリ亦北アメリカ州ハ日本ノ東方ニアタリテ凡海上ノ里数五千里余ト云　此国ノ南方ニアタリテ合集国ワシントンノ大府有是ヨリ諸方へ大舟ヲ出ス上気船ハ元、ヨウロッパ諸国ニテ用ヒシ舟ナリ　今ハアメリカへ渡リ造立スト云　此舟一時三十里一昼夜三百六十里ヲ走ル風雨逆波ヲ不厭発ル時ハアタカモ大海ヲ龍ノ渡ルカ如シ

　長サ三十八間　巾十五間　帆柱三本　石火矢六挺　大筒十八挺　煙出長一丈八尺　水車丸長サ四間半　人数三百六十人乗

江戸の幕府には、浦賀奉行所をはじめ江戸湾警備に当たっている彦根藩・川越藩・会津藩・忍藩の四藩から早馬と早船で黒船の情報が次々に寄せられていた。

モクモクと煙を上げている黒船は、大砲を陸に向け兵士たちも各部署で戦闘準備を整えている様子だった。黒船からは繰り返し空砲の祝砲が放たれ、浦賀周辺は騒然となっていた。

江戸幕府では、老中らが慌ただしく登城して評議がおこなわれていた。浦賀奉行・戸田伊豆守氏栄から寄せられた報告書は、なんとしても幕府にアメリカ大統領フィルモアからの国書を受け取らせようとするペリーの強硬な決意を伝えていた。

浦賀から報告を受けた幕府首脳部の議論は簡単にまとまらない。幕府にとって、鎖国は、三代将軍家光から続く基本方針「祖法」である。

将軍・老中といえども曲げることは許されなかった。アメリカの国書を受け取ることさえ、「祖法」に反する行為だった。

幕府の最高責任者である老中首座阿部正弘は、祖法に従い国書の受け取りを拒否した。

長崎のオランダ商館が海外情報をまとめ幕府に提出する「風説書」によって、阿部正弘はすでに一年前からアメリカ艦隊の来航を知っていた。

阿部正弘が手にした嘉永五年のオランダ風説書には、指揮官の名前まで「ペルリ」と記されていて、開国を実現するため、アメリカは江戸城の城攻めの準備までしているとあったのだ。

しかし、阿部正弘は対策を立てきれなかった。「必勝の利は、はなはだ覚束なし」日本の軍備の実情や経済力を熟知する阿部正弘は勝ち目のないことを判っていた。情報を生かすことなくペリー来航の日を迎えたのだった。

来航から二日経ち、三日経っても、幕府は返答することができなかった。そして来航四日目の六月六日、ペリーはついに行動を起こした。

その線を越える異国船は「撃って沈めよ」、日本が最終防衛ラインとして考えていた三浦半島の観音崎と房総半島の富津岬を結ぶラインを、艦隊は越えようとしたのである。

幕府はこれを阻止しようとしたが、群がる和船をものともせず、ペリーの艦隊は黒煙をモクモクと上げながら、日本の防衛ラインであるこの「打ち沈め線」を突破したのだった。

ペリーの「打ち沈め線」突破は、幕府を混乱させた。国書を受け取るのか、それとも武力に訴えてでも受け取りを拒むのか、議論は二分した。

「打ち沈め線」を越えて江戸の内海に押し入ったペリー艦隊は、湾内の測量を強行した。空砲ではあったが、ばかでかい黒船から朝夕放たれる大砲の轟音が町中に響き渡っていた。江戸の庶民は、黒船が放った祝砲が恐ろしかった。浦賀や江戸では、女性や老人が家財を疎開させるなど大騒ぎとなった。

幕府はペリー側に祝砲を控えるように申し入れた。ペリー艦隊の情報は、噂話やかわら版を通じて江戸中に広がっていた。ペリーの艦隊は、黒塗りの船体の二隻の外輪蒸気船が、それぞれ帆船を一艦ずつ曳航していた。

かわら版の版元・相模屋利左衛門のところには、「早く続きの情報を出してくれ！」という注文が相次いでいた。

相模屋利左衛門は、書き手の岡崎嘉平次と絵師の門之助に取材を重ねて次々に続報を出すように指示した。

かわら版の続報を売り出すと、情報を知りたい江戸庶民が我先にと買い求め飛ぶように売れた。

幕府はペリー艦隊の来航後すぐに海岸沿いの警護を担当する大名を指名し、状況に応じて配置換えを行っていた。

江戸湾防備の情報は、配置換えのたびにかわら版となって市中に出回った。沿岸各地の警護にあたる大名らの一覧や地図上に各大名名を記載した警固図は、江戸庶民の高い関心を集めて、かわら版の格好のネタとなっていた。

「伊豆相模武蔵上総下総房州海陸御固泰平鑑」という見出しのついたかわら版には

全面に江戸湾に配置された各藩の警護船が描かれ、上段には、「浦賀御奉行三千石戸田伊豆守　三千石井沢美作守」を先頭に、「武州本牧因州鳥取三十二万五千石松平相模守　品川一番御台場武州川越十七万石松平誠　左同二番奥州會津二十二万石松平肥後守、同三番武州忍十万石　大森海岸江州彦根三十五万石井伊掃部頭」など二十六の藩に海岸線沿いに警固担当が配置されているほか御用掛御代官として、「石火矢六十挺江川太郎左ヱ門　大筒六百挺斉藤嘉平衛」などが列記されており、最後に「惣御人数合わせて三十一万六千三百八十余人、但し一万石に付千人」と書き出されている。


幕府は、ペリー艦隊への対応に苦慮した。

大慌ての役人たちに対して、江戸の庶民は黒船にどう反応したのだろうか。

江戸の庶民は、好奇心が強かった。知らないものを目にしたら、逃げるよりも近づいて確かめようとするのが江戸庶民だった。

幕府としては、庶民が黒船に近づくこと、ましてや異人たちと接触することなどは、可能な限り避けたかった。

しかし、浦賀の住民たちの中には、小船に乗って黒船に接近して見物する人もいた。それどころか、乗組員と接触して洋服のボタンを貰った者までいた。庶民にとつて、黒船四隻は格好の見世物だった。

ペリー来航五日目、老中首座阿部正弘は事態打開のため、徳川御三家・水戸藩前藩主の徳川斉昭と密談した。

徳川斉昭は、当時隠居の身であったが、攘夷派の中心人物と目され、強硬に打ち払いを主張していた。

当時、国内は開国か攘夷かに意見が分かれていた。老中首座阿部正弘は、ペリー来航の危機に立ち向かうと同時に、国内世論をどうまとめ上げるか、の危機にも直面していた。

そして向かったのが水戸邸であった。阿部正弘は事前に斉昭から

「今となっては打ち払いが良いとばかりも言えない。さわぎが長びけば自然と種々の事件が起こるであろう。異国船にどう対応するかは、幕府内で十分に話し合ってほしい」

という書簡を受け取っていた。

斉昭に対して阿部正弘は、

「幕府は戦争を避けるため、国書受領に傾いている」

と語り、今後も国防についての御意見をお聞かせ願うよう求めた。

阿部正弘は、開国か否かという問題は先送りし、攘夷派を抱き込むことで、ひとまず国書受領を認めさせたのである。

幕府は黒船来航七日目の六月九日、三浦半島・久里浜で国書を受領することを決めた。

ペリーに従って上陸したのは水兵・海兵隊・軍楽隊ら約三百人、迎える日本側の総員は五千人を遥かに超えていた。

国書の授受は久里浜海岸に急造された応接所で行われた。受領の役目を果したのは、浦賀奉行・戸田氏栄と井戸石見守弘道である。

ペリーは、アメリカ大統領フィルモアより日本皇帝陛下（将軍）に宛てた国書のほかに、ペリー提督の信任状とペリーから将軍に宛てた信書も手渡した。

国書受領の情報も、すぐさまかわら版のネタとなって江戸庶民に伝わった。

書き手の嘉平次は顔見知りになっていた浦賀奉行所の役人から国書受領式の情報を

仕入れた。絵師の門之助に受領式の模様をかいつまんで話して仕事に取り掛かった。売り子の三四郎と喜助は、出来上がったかわら版を小脇にかかえて日本橋に向かって走り出していた。

声のよく通る三四郎が道行く江戸庶民に、

「てぇへんだ！　てぇへんだ！　幕府がアメリカ大統領の国書を久里浜で受け取ったよ！　詳しくはかわら版を読んでよ！　色刷りの二枚組で二十文だよ！　さあっ、早い者勝ちだよ！」

かわら版の一枚には、ペリー艦長や将官を先頭に星条旗を掲げて、姿勢を正して行進する三百人の水兵・海兵隊・軍楽隊の一行と、それを遠巻きに警固する日本の武士団の様子が描かれている。

もう一枚には、久里浜の砂地に急ごしらえされた応接所の様子が紹介されている。応接所は間口十間、奥行五間の建物で、中間に仕切りをつくり、海側から見て右側が応接所にあたる上段の間、左側が警護者用の下段の間になっていた。入口から応接所までの通路に赤い毛氈《もうせん》が敷かれ、応接所には金屏風が配されていた。金屏風、赤毛氈、畳など和洋折衷で配備して、外国の使節を迎え、国書を受領する応接所としての恰好が整えられている。

三日後の六月十二日、ペリーの艦隊は江戸湾から退去した。幕府の即答を得ることは困難と考え、開国するかどうか、その返答期間を一年後として日本を去った。

黒船・蒸気船の図とともに、黒船に乗ってきたアメリカ人を描いたかわら版も、数多く出回った。「欽差全権国王使節海軍水師提督まつちうせぺるり」と題したかわら版も江戸庶民の間に広がった。

紙面いっぱいにペリー提督の顔が描かれている。ペリー提督の顔は帽子をかぶって、目と鼻が大きく毛髪が縮れていて口の周りに髭をはやしている。黒い軍服を着ていて上着にはボタンが使われている。右手でサーベルらしいものを掲げている。

紙面の左上に、「四千五百里の海上を二十八日にして日本に渡来」と説明書きがある。

三四郎と喜助は、
「そちらのお兄さん！　黒船の最新情報だよ！　黒船の船長ペリー提督の顔だよ！目と鼻が大きく縮れ毛で口髭をはやして、ちょっと怖い感じだよ！
一部、八文だー。さぁーさぁー、早い者勝ちだよ！　一部、八文。さぁー、どうだい！　買った！　買ったぁー。そちらの御姉さんも一部どうだい！　ご近所の方たちに黒船の最新情報を教えられるよ！」

町の御姉さん方にも、黒船は興味の的だった。

「二部、ちょうだい！　十六文ね！　はい！」

かわら版は、飛ぶように売れた。この日、三四郎と喜助は江戸有数の盛り場上野広小路でかわら版を売っていた。火事の類焼を防ぐためつくられた上野広小路は建物がない広場であったため、飲食店の屋台や露天商それに仮設の見世物や芝居の小屋などが建ち並んでいた。

この時代、そば一杯が十六文であった。黒の一色刷りが一部八文、色刷りの大判のかわら版が一部十六文、庶民にとって買えない値段ではなかった。

ねじり鉢巻きの職人風の若い男が三四郎に向かって、

「読売さんよー！　黒船の大きさとか帆柱の数、船員や大砲の数それに黒船の舷側についている外輪の大きさなどは分かったけどよー、
黒船はこれからどうすんだよー？　このまま江戸湾にずっととどまるのかねー？

それから幕府のお偉方は黒船をどう扱うのかねー？

そのあたりの新しい情報が判ったら、またすぐにかわら版で伝えてくれよ！　新し

い情報なら十二文といわず、そば一杯分の十六文でも安いぜ！　ばんばん新しい情報をだしてよ。たのむぜ！」

と、威勢よく声をかけていた。

ペリー来航に幕府は頭を悩まして混乱し役人は大慌てしていた。一方、江戸の庶民は好奇心が強く、知らないものを目にしたら近づいて確かめようとした。


六月二十六日、老中首座阿部正弘は諸大名への意見聴取を前に、老中、若年寄、奉行、大目付、海防掛を集めて、幕府内部の幹部会を開いた。

「交易を拒絶し、その結果開戦もやむなし」とする意見もあったが、幕府内の多数は、もう少し穏やかなものだった。

「できれば交易を拒絶したいが、無理からぬ事情もある。大統領も希望していることでもあり、アメリカに限り、年限を定めて通商を許可することはやむをえないのではないか。その間に軍備を整えればよい」これが幕閣の暗黙の合意だった。

阿部正弘は、翌日の六月二十七日、念には念を入れて大廊下詰（御三家、御三卿）、溜間詰《たまりのまづめ》（将軍家に血筋の近い高禄の親藩）の大名方の意見聴取の会を開いた。意見聴取の会は、江戸城の白書院で開かれた。

五老中（阿部伊勢守、牧野備前守、松平和泉守、松平伊賀守、久世大和守）は全員出席した。

老中首座の阿部伊勢守が、まず発言した。

徳川幕府創設以来、老中首座が公式の場で国事に関し大名の意見を聞く例は一度もなかった。すべて幕府の上意下達の一方通行で、下位上達は許されるべきことではなかった。

老中首座阿部正弘は、この歴史的な会合で、一言たりとも失言や粗相は許されるべきではないと考え、あらかじめ用意した挨拶の文章を読み上げた。大要は次のようなものであった。

「この度、浦賀表へ渡来したアメリカ船より差し出された書簡の翻訳は、すでにお渡し申しております。

交易の儀は、これまでのしきたりもあり、その可否は国家の一大事であります。したがって、書簡の趣意をよく熟覧いただき、将来のこともじっくりと思慮を尽くされ、ご意見があればたとえ恐れ避けるべきことでもかまいませんから、各々心の中を充分申していただきたい。

本日は、牧野備前守殿より黒船来航以来の交渉の経過をご報告申し上げて、それに関するご質問をお受けいたします」

二、三の質問を受けて、会合はお開きとなった。さすがに大大名の集まりであった。内心幕府の措置に不満があっても、激しい議論は起きなかった。

その他の大名からの意見聴取の会は、七月一日に開かれた。場所は同じく江戸城の白書院であった。

牧野備前守は、外様大名のことを考え、より丁寧に交渉経過を説明し、数多くの質問に応じていた。

牧野備前守はそれをちゃんと聞いた上で、その意見を文章にまとめて提出するよう指示していた。

諸大名や幕臣は、ぞくぞくと答申書を提出した。大名だけでも、約二百五十名が意見を述べており、幕臣らの答申約四百五十、計七百ほどの書類が幕府に寄せられた。

答申の内容は、どうだったのであろうか。

「別に考えはない」と答えになっていないものもかなり多かった。

一方、「断然、要求を拒否すべし」という主張も見られた。

長州藩主・毛利慶親や越前藩主・松平慶永それに尾張藩主・徳川慶勝、水戸藩主・徳川慶篤、肥前藩主・鍋島斉正、尾張藩主・徳川慶勝などは、拒否を強く主張していた。

さらに、「断然拒否すべきではあるが、さりとて外国に対抗するだけの軍備が整っていないので、なるべく確答しないで時間を引き延ばすのがよい」とか、

「あるいは条件つきで、ひとまずアメリカの要求を容れるのもしかたがなかろう」

という人々が、大多数であった。

「祖法である鎖国を守りたいが、しかし、攘夷を実行するだけの準備はできていない」

というのが、こうした答申をした人たちの気持ちであった。

幕府の役人の大多数も、

「やはり要求は許可しないほうがよいといいながら、またさりとて勝利は覚束ないから、年限をかぎって交易を許すのもやむを得ない」

と、言っている。

当時の情勢ではやむをえないことだったが、開国派の大名は少数派だった。尾張藩、水戸藩、越前藩などの雄藩が否定的な回答をしてくることは、最初から判かっていたので、阿部正弘は別段驚かなかった。

しかし、大多数の大名が攘夷派だと知れば、水戸藩などから攘夷の意見が一段と強くなることが予想された。


阿部正弘の老中歴は十年を数える。その頃の老中の平均在職年数は五〜六年だった。阿部正弘の父正精《まさきよ》は六年余老中職を務めあげている。父よりもかなり長くなった。前年、妻謹《きん》子に先立たれ、今年、将軍家慶公を失った。阿部正弘は、この辺りが老中職辞任の潮時かと考えていた。

しかし、来春のペリー再来航を前にして、老中筆頭の座を投げ出すのは政権の座にある者としては、許される対応ではなかった。

攘夷派の大名が圧倒的多数を占める中で、老中首座阿部正弘はペリー来航の危機に立ち向かうと同時に、大名の意見をどうまとめ上げるか、という事態に直面していた。

七月六日、阿部正弘は、当時隠居の身であった水戸斉昭に対し、海防参与を命じて幕閣に復帰させ、今後は国防を検討する会議に参加してくれるよう求めた。

水戸斉昭は、幕府の制度に触れたとして、七つの罪をあげて隠居を命じられ、駒込の屋敷に謹慎させられていた。

七月十日、斉昭は登城が認められると早速、老中首座阿部正弘に宛てて、「海防愚存」と題する十ヵ条の長文の建白書を提出した。

建白書には、

「泰平が久しく続き、戦うは難く、和するは易い。したがって、まず戦いを決心して、しかる後、和に変ずるを可とする。

今回はまず打払いに決し、和の一字は封じて海防掛の胸中にのみ蔵しておけばよい」

という趣旨のことが書かれていた。

阿部正弘は

「水戸斉昭を排斥しては、全国の攘夷派の有力諸大名から猛反発を受けることになる」

ペリー再来航までは、和の衣服の上に戦の鎧をまとうことを決めたのである。

阿部正弘は、開国か否かという問題は先送りし、攘夷派の中心人物・水戸斉昭を抱き込むことに成功していた。

しかし、「わが国の将来のために開国せねばならぬ」と信念を固めていた。

老中首座を務める以上、阿部正弘は攘夷派の中心人物として知られる水戸斉昭との共存を覚悟せざるを得なかった。


江戸の庶民たちの間では、黒船来航を盛り込んだ狂歌や川柳が広がっていた。

大砲の音に恐怖を感じた江戸の庶民も少なくなかった。中には江戸市中から山手方面の下屋敷に家族を移す大名や旗本もかなりいた。中山道や甲州街道筋に旅に出る者もいたという話もあった。


銘茶の「上喜撰」を黒船の蒸気船にかけて、幕府が頭を悩まし混乱する役人を揶揄して、

泰平の眠りをさます上喜撰
　　たった四杯で夜も寝られず

江戸は武士の多い都会だった。その武士たちも長い泰平の世が続いたおかげで戦うことを忘れ、古道具屋に鎧や兜を売り払ってしまう者がかなりいた。売り物が多かったため、武具の値段は長い間安値で放置されていた。

それがペリー艦隊の来航以来、時代遅れの鎧や兜、馬具を買い求める侍が急に増えだした。利に敏い武具馬具屋の商人たちが異国船の情報をキャッチし、口から口へ噂は広がっていった。

武具馬具の値段は急上昇し、黒船の空砲によってその値上がりに拍車がかかった。そんな中から、こんな狂歌や川柳が生まれている。

町なかへうちいでてみれば道具屋の
　　よろいかぶとの高値うれつつ

アメリカ人のことを「渡人《わたんど》」と、江戸の庶民は言っていたが、

　武具馬具屋　渡人様と　そつといひ

アメリカ大統領フィルモアからの国書はかなり長文で、内容は三つの要求からなっていた。

一つ目は、アメリカ人で漂流している人がいたら保護してほしい。

二つ目は、アメリカの船が水や食料や石炭を補給するための港を開港してほしい。

三つ目は、日本と交易をしたい、ということである。

アメリカがこうした要求を突きつけてきた背景には、太平洋航路にシーレーンの確保が必要だったことがあげられる。

当時のアメリカは、開国七十年ほどの若い国であったが、その七十年の間にどんどん領土を拡大していた。太平洋岸に来てカリフォルニアを併合したのは一八四八年、ペリー来航のわずか五年前だった。

綿製品の清国向け輸出や捕鯨に強い関心を持っていたアメリカは、競争相手のイギリスに対抗するため、太平洋航路を確立させたかった。喜望峰、シンガポール、香港とイギリス領の港しかない大西洋航路を航行していたのでは不利だったからである。しかも、蒸気汽船を動かすには大量の石炭を積み込まなければならない。貨物量を減らさずに太平洋を横断しようとすれば、石炭を補給する寄港地がぜひとも必要だった。

その意味でも、日本の開国はアメリカにとって非常に重要だったのである。

ペリーが浦賀を去った十日後、日本では十二代将軍家慶が世を去った。世継ぎの家定は病気がちで、政局は不安定さを増していた。

それから一週間後、長崎港にロシア軍艦旗を掲げた四隻の船が入港してきた。艦隊の司令官はプチャーチン提督、ニコライ一世の日本皇帝に宛てた書簡を携えていた。江戸城で、老中首座阿部正弘はロシア艦隊の来航を知らされた。

アメリカのペリー提督は違法な浦賀港に来て日本の警告を無視し、江戸湾の海底測量をするなど、不法行為が目にあまっていたのに対し、ロシア海軍のプチャーチン提督は、日本の国法を順守し、外交窓口の長崎にやって来た。

「ここは長崎奉行を苦労させることはない。ロシア皇帝からの親書は、長崎奉行が受け取ればよい」

老中首座阿部正弘の意見には、牧野次席ら老中みな賛成だった。

長崎と江戸は、早飛脚で片道七日かかる。往復では十四日間。協議の間をとれば、情報が届くのは一ヵ月後が早い方だ。

第二報が届いたのが八月四日で、芝の増上寺で、家慶将軍の葬儀が行われているさなかだった。

ロシア外務大臣から老中宛ての書簡であった。長崎通詞がすでに日本語に翻訳していた。

「プチャーチン提督を全権として、貴国に派遣した理由は、一つに世界情勢が変化し、その対応には日本の命運がかかっていることがあげられます。

また、両国間の問題を解決して、和睦を樹立するためです。つきましては、第一の目的は両国間の国境を定めることです。

第二の目的はロシア船の入港と交易を許可をいただくことです」

と前置きの記述があり、つづいて、長崎奉行がプチャーチンから口頭で要請された内容があった。

「プチャーチン提督は日本の外交窓口が長崎だから、貴国に礼をつくし、先に長崎に立ち寄りました。

ペリー提督のように、江戸湾の港に回航し、幕府と直接交渉したい。交渉目的は開国、通商、千島・樺太の国境画定だから、プチャーチン提督自身が江戸の老中と面談したいと言っています」

その内容は、老中首座阿部正弘が正面から取り組みたい内容だった。

わが国としては蝦夷の国境は決めねばならぬ。これは重要な外交課題だ。ペリー提督のように追い払えばよい、という訳にはいかない。しかし、会談場所は長崎にしておくべきだろう。

増上寺の一室を借りて、老中と評定所の協議になった。

「千島列島や樺太の国境はまったく定まっていない。アイヌ人、和人（日本人）、ロシア人の分布すら不鮮明の地である。この交渉の機会を逃すと、南下政策を取っているロシアは、樺太の全部、蝦夷地（現・北海道）の一部すら、ロシア系アイヌ人の領地だと言い出しかねない」

ふだんならば、老中首座阿部正弘の発言は最後だが、みずからすすんで進行役となった。ここまで老中全員の認識が一致した。

使節団歓迎の招宴が二度も開かれたため、本格交渉の開始が遅れ、嘉永六年十二月二十日に、第一回の交渉が長崎奉行所西役所で始まり、交渉は六回に及んだ。

第六回目の交渉は、嘉永七年一月二十七日、ロシア艦隊旗艦上で開かれた。日本側は、日本の主張をまとめたオランダ語文を届けていた。

（一）樺太実態調査のため係官を急派する。

（二）漂流民、難船には、薪、水、食料等を供与し、救済する。

その場合は江戸近海の港を除いて、一時的な入港に同意する。

（三）千島の択捉島は日本領である。

これを見て、プチャーチンは怒ったが、すぐ冷静さを取り戻して、逆に日露条約試案を交渉役の中村為彌に渡した。日本側はそれを検討したが、条約試案は受領できないという結論に達した。

中村為彌はその条約試案の返却のため、一八五四年一月三十日（嘉永七年一月二日）にパルラダ号を訪ねた。プチャーチンは、条約試案の代案を用意しており、それをまた中村に渡した。

その代案には、択捉島は日本領と認めるが、樺太は亜庭湾周辺に日本領を限定し、以北はロシア領とする記述があった。

また、大坂、箱館、長崎をロシア船に解放する、という内容が織り込まれていた。

日本側は、その代案を拒否した。しかし、二月一日、阿部正弘配下の筒井正憲と川路聖謨《としあきら》が出席したロシア艦上での交渉で、ロシア側は、しぶとく粘ってきた。

「今後日本が第三国と条約を結ぶことがあれば、ロシアとも同じ条件で条約を結んでもらいたい。また最恵国待遇をロシアに与えてほしい」

筒井と川路は

「その際はそのように取り扱う」と答えて、長崎での日露交渉は一応終了した。

その後、食事と酒が出て、歓談の席となった。プチャーチンは第三国と言ったものの、それとは明らかにアメリカを指していることは明白だった。

阿部正弘は、ロシアとの交渉にかなり強硬な姿勢で臨んだが、それが自らの手を縛ることになってしまった。

アメリカとの交渉でも、同じ姿勢をとらざるをえなくなったからである。

幕府は、アメリカやロシアに対して、交易は認めず、三〜五年間、交易に関しては黒白をつけない方針で臨む基本方針を決定し、それを諸藩に布告していた。

プチャーチン艦隊は、一八五四年二月五日（嘉永七年一月八日）に長崎を去った。

かわら版は、ロシアから長崎に来航した黒船についても伝えている。しかし、江戸湾に来航したアメリカのペリー艦隊と違って江戸から遠い長崎に来航したためか、江戸庶民の関心はそれほどではなかった。プチャーチン艦隊について伝えたかわら版は少なかった。

かわら版の版元・相模屋利左衛門は、浦賀と違って書き手の嘉平次と絵師の門之助を長崎まで走らせるわけにもいかず、知り合いの飛脚屋に頼んで長崎の書き手と絵師に黒船の原稿と絵を書いてもらうことにした。

十八日後の夕刻、原稿と絵が早飛脚で届いた。相模屋利左衛門は急いで掘り師の彌之助と刷り師の慎二郎に徹夜で作業にとりかかって貰った。かわら版は翌日明けの五つには出来上がった。

版元・相模屋利左衛門は売り子の三四郎と喜助に、

「今回は行き帰りの飛脚代と長崎の書き手と絵師に支払う金が余計にかかっているから、一部三十二文で日本橋辺りで売ってくれ！」

三四郎と喜助は、

「あいよっ！」と威勢よく駆け出して行った。


「さぁー！　てぇへんだ！　てぇへんだ！　アメリカの黒船に続いて今度はロシアの黒船が長崎に現れたよ！　詳しくはこれを読んでよ！　ペリーの時よりちょっと高めの一部三十二文だよ！　長崎のことなんでこちらも元手がかかっているんだよ！　勘弁してよ！」

ペリー来航のかわら版より、江戸庶民の関心はちょっと低めのようだった。

「魯西亜火船之図」と題されたかわら版は、縦三十一センチ横四十五センチの大きさで、色刷りで発行された。

紙面の真ん中に、マストにロシアの旗を掲げて煙突からもうもうと煙を吐き出す黒船が描かれている。

紙面の上段に黒船の情報が書き込まれている。

長さ三十間巾八間帆柱二本いづれも横帆惣鉄造り煙出し

丸サ六尺ヨ長サ一丈八尺水車舟底ニ有その工風蒸気のごとし

大筒左右一二十挺石火矢二挺船縁り惣鉄造り
深サ水ぎハ迄一丈二尺
魯西亜国ハ日本より東北ニあたりて近き所長崎より海上一千リ
遠き所ニ千リ余東ハアメリカにつづき、西ハ韃靼
南ハ蝦夷日本国ニつづく大国也地の里数東西一千里ヨ
南北一千五百里リ余風俗アメリカ人ニ似て異なり
嘉永六年七月上旬、願之筋有之肥前長崎の港へ魯西亜より入津す
大将船二艘火船二艘也同十月下旬出帆す同十二月上旬願書をもって又々長崎表へ来る
翌七年正月上旬帰帆す

一年後には再びペリーの黒船艦隊がやってくる。

阿部正弘に残された期間は限られていた。阿部は、幕府の海防参与の職を新設し、攘夷派の徳川斉昭をその任につけていた。

従来、御三家は政治に介入できないよう、幕府の役職につけないのが習わしだった。

その前例を破ってまで阿部正弘は攘夷派の徳川斉昭を政権に取り込み、幕府の体制強化をはかっていた。

阿部正弘は、海防参与に任じた徳川斉昭に、お台場建設に取り掛からせた。

台場というのは、大砲を据え付けた海上基地である。全部で十二の台場建設が計画され、その費用は七十五万両にも上った。建設費用のほぼすべては商人からの献金で賄い、大砲の大部分は徳川斉昭から出させた。

台場建設の情報も、すぐにかわら版のネタになった。

「品川大筒御台場出来之図」と題されたかわら版には、黒船来航に驚愕した幕府が、急遽品川沖に台場（砲台）の建設を始めたという説明があり、紙面いっぱいに建設が進む台場の様子が色刷りで描かれている。紙面の中央と左端に建設中の台場が五基描かれており、

その周りに帆船や手漕ぎの船が描き込まれ、岸壁では作業を取り仕切る数名の武士の姿が描きこまれている。

台場建設と並行して、老中首座阿部正弘は長崎の出島を通じ、アメリカの真意を探ろうとした。

海外の事情に明るいオランダ商館長クルチウスは、どのようにすればアメリカとの戦争が避けられるのか、たびたび情報を提供していた。その中で、クルチウスは、試みに港を一つ開いてはどうかと助言していた。

台場建設に取り掛かるなど攘夷の姿勢を示す一方で、海外の情報を探りつつ諸大名の意見を問う。

老中首座阿部正弘の動きは、優柔不断と映り、徳川斉昭は阿部正弘を「ひょうたんでナマズを押さえるような人物だ」と評した。

国力では圧倒的に勝っているアメリカを相手に、どうすれば負けずにすむか。老中首座阿部正弘の行動は、弱気にさえ見受けられた。

ペリー再来航による開港を予想して、老中首座阿部正弘は積極的に人材を手許に集めた。

ペリー再来航後の外国人相手の交渉や、近代海陸軍の創設、そのための科学技術の導入など諸改革のための人材を用意する必要を、阿部正弘は察知し、その実行に踏み切った。

六月二十日、海外情報の生き証人として、前年アメリカから帰国し郷里の土佐にあった中浜万次郎に出府を命じた。

八月六日、高島秋帆《しゅうはん》の追放の罪を許し、青天白日の身とした。高島の軍事知識を高く買っていた阿部正弘が、その再審を命じている。

イギリス軍の砲や軍艦の威力を強く訴えた高島は、
十月、「嘉永上書」とよばれる長文の意見書を上申した。そのなかで高島は、「四、五年間は絶対に戦ってはならない」と進言した。

この意見書と、万次郎が語ったと思われるアメリカの富強を知った阿部正弘は、ペリーの再来航を前に開港の意志を固めていた。

中浜万次郎（ジョン万次郎）は十一月五日、通訳を予定して幕臣に取り立てられた。

日本を出て海外の生活をおくった人間を、幕府の一員とすることなど、当時考えも及ばなかったことであった。

もちろん、万次郎の世界の海を一周した知識、航海の技量、それに聡明な頭脳あってのことであるが、こうした異色の人材を周りに集めたのが、老中首座阿部正弘だった。

幕臣に取り立てられたジョン万次郎についても、かわら版が取り上げている。

売り子の三四郎と喜助が、人形町の街角で声を張り上げていた。

「すごいぜ！　すごいぜ！　一介の漁師が幕臣に取り立てられたよ！

その人は、土佐高知藩の中ノ浜村の漁師万次郎だよ！　老中首座阿部伊勢守様のお計らいだそうだよ！　詳しいことは、このかわら版を読んでよ！　一部六文だ、さあー、早い者勝ちだよ！」

万次郎が乗った漁船が足摺岬の沖合で操業中、強い風のため難破して漂流し、鳥島に漂着していた。そして、食料を確保するために立ち寄ったアメリカ合衆国の捕鯨船の乗組員に発見され、捕鯨船の船員となってアメリカに渡った。
万次郎は捕鯨船の船長に気に入られて、アメリカの学校に通い、英語、数学、測量、航海術、造船技術を学び、首席となった。学校を卒業後、働いて資金を貯めて漂流から十一年目に故郷の薩摩に帰ることができた。西洋文物に興味のあった薩摩藩主・島津斉彬の命により、藩士や船大工らに洋式の造船術や航海術について教示していた。薩摩藩はその情報を元に船を建造している。

嘉永五年八月に、阿部正弘の正妻・謹子が亡くなった。翌年、阿部正弘は後妻・謐《しづ》子を迎えていた。謐子は、越前藩主・松平慶永の養女であった。謐子は貞淑そのものの女性であった。

この時期、阿部正弘は老中首座として、困難ともいうべき問題の打開に苦慮していた。諸般の情勢からの心労を癒すためか、阿部正弘は江戸城での公務を終え辰ノ口の私邸に帰ってからは毎日のように酒を飲んでいた。一升徳利を一晩で飲み尽くすこともたびたびだった。

正妻の謐子が控えめながらに、

「殿、今夜はこの辺でお控えなさったらいかがでしょうか……」

と声をかけても、

「いや！　この難局を乗り切るために、江戸城の公務では気苦労の種ばかりなんだよ。辰ノ口の屋敷へ帰って来て、酒を口にするのが唯一の気休めなんだよ」

と言って、酒を控えようとはしなかった。

嘉永七年一月十六日、ペリー艦隊は幕府の回答を求めて、予告よりも二ヵ月も早く江戸湾に再び姿を現した。

艦隊は横浜沖に停泊し、ペリーはまず交渉の場を江戸とするよう要求した。

しかし、江戸での応接を許せば、攘夷派が黙っていない。老中首座阿部正弘は、この要求だけは呑むことができなかった。

一月二十八日午後、ペリーは江戸湾奥深く羽田沖まで艦隊を移動させた。江戸の町では庶民が逃げまどい、前の日から一晩中、半鐘が鳴り続けた。目前まで迫った黒船に、幕府はなすすべもなかった。

ペリーの黒船艦隊が二回目に来航した時も、江戸庶民の関心は高かった。

ペリー艦隊の黒船については、横浜の北方村（現在の横浜市中区北方町《きたがたちょう》）の旧家に身を寄せていた「北国」生まれの禅僧の日記が残されている。この禅僧は、ペリー艦隊が二回目に来航した嘉永七年一月十六日から三月十三日に横浜を出港する時まで、見聞きしたことを日記に書き留めていた。この日記にはペリー艦隊乗組員の動向や横浜の人々との交流が克明に書き記されている。

十三日、夜明けの薄明りの中、青く広がる海のかなたから、ペリー艦隊が姿を現した。艦隊は昇ってくる太陽を背景に近づいてきた。

十六日、長井沖の異国船と小柴沖の異国船から空砲が一発ずつ発射された。これを合図に遠く離れた僚船の所在が判明し、長井沖の四艘は小柴沖に移動した。このほか二艘の異国船も小柴沖に現れ、もともと停泊していた異国船と合わせて七艘になった。

二十二日は、初代大統領ワシントンの誕生日だった。小柴沖に停泊していた七艘の異国船は一斉に祝砲を発射した。

異国の大砲は音が大きく、日本のものに比べて五、六倍もの大きさの音が響き渡る。また、砲煙も長く続き、発射された祝砲を見聞した人々は、百千もの雷が一時に落ちたように感じた。人々は、その音に恐怖した。

「御触」によって祝砲発射を知っていた人でさえ驚き恐れていた。遠方で音を聞いた人々は戦争が始まったと噂した。

千葉の銚子からやってきた人の話では、鎌倉で戦端が開かれ、砲撃によって数千人の日本人が殺されたという噂が流れたということだ。

かわら版の版元・相模屋利左衛門は、書き手の岡崎嘉平次と絵師の門之助に
「早船をたのんで、横浜沖に停泊している黒船を見て来てくれ。去年初めて来航した時より庶民の知識も増えているから、庶民の要望に応えられるように、原稿も絵も新しい情報を盛りこんでくれ！

必要な金は、ばんばん使ってくれ！　黒船情報は金になるよ！　彫り師の彌之助と刷り師の慎二郎には手配しておくから、たのんだぜ！」

と声をかけて、小伝馬町の工房から送り出した。

二回目に来航した黒船として、斬新な蒸気船の姿が描かれていた。

黒い船体は平たく、旗と煙は船尾の方へ吹き流され、帆はたたまれている。一回目に来航した時に描かれたような帆に風を受けて走る帆船としてではなく、風向きや逆波を気にせずに走る船として描かれ、「まるで大海を竜が渡るようだ」という説明が記されているほか、船の規模についても添え書きがある。

長さ四十八間　巾十五間　帆柱三本　石火矢六挺　大筒十八挺
煙出長一丈八尺　水車丸サ四間半　人数三百六十人乗

嘉永七年一月十六日、ペリー艦隊が幕府の回答を求めて、横浜沖に停泊させた艦隊は、蒸気船三隻をはじめとする七隻だった。

嘉永七年一月二十五日（一八五四年二月二十二日）は、初代大統領ワシントンの誕生日で、正午になると一斉に祝砲を発射した。七隻の軍艦が発射する祝砲の轟音は、三浦半島から横浜近在の地域まで威圧した感があった。

停泊中のペリー艦隊の船上では、幕府の応接団が交渉を続けていた。

幕府側は、交渉場所として横浜村を提案し、ペリーはこの案に同意した。

二月十日、黒船からの空砲の轟音が響き渡る中、武装した五百人の兵士を引き連れ、ペリーはついに横浜に上陸した。

日本側の警護陣が右往左往している中を、上陸した兵士たちは、整然と隊列を組みペリー提督上陸への警護布陣を素早くつくり上げた。禅僧は、次のように伝えている。

ペリー一行がボートを繰り出したのは午前十一時半のことで、大砲を積んだ二十七艘のボートは一斉に海岸に接近しました。ボートに乗る将兵は約五百人。その内訳は、鉄砲隊が三百六十人で、浅黄色の軍服を着た兵士が百二十人、黒羅紗の軍服を着た者が

二百四十人でした。

また、肩のところに金具のついた軍服を着た将校が十人、金具に房を下げた者も二十人ほどいました。

さらに、猩々緋《しょうじょうひ》の筋の入ったズボンを穿き、鳥の羽のついた冠をかぶり、剣を抜いて指揮する者もいました。楽隊もあり、大太鼓・小太鼓・横笛・ラッパなどを演奏しました。楽隊は黒い羅紗の服を着ていました。

ボートを降りた将兵は二、三十人ごとに隊列を組み、指揮者の命令で行進しました。南側は浅黄色の鉄砲隊が、北側は黒羅紗の鉄砲隊が固め、左右二列に並んで行進しました。

上陸後、隊列を三段、四段に変えながら、時には鉄砲を杖のように突いたりもしました。また、鉄砲を膝の上に置き、ねらいを定めるようなしぐさもありました。

横浜湾の沖合には、遅れて江戸湾に到着した二隻を加え、九隻の黒船艦隊が整然と並び、周囲を睥睨していた。

アメリカの軍楽隊による吹奏楽が流れる中を、ペリー一行は威風堂々と応接所へ向けて行進した。

第一回の日米交渉は、二月十日、横浜村の海岸に建てられた応接所で始まった。

ペリー一行は、応接所の大広間に通された。

小袴に陣羽織の浦賀奉行戸田伊豆守と井戸石見守が対面した。こうして本格的な交渉が開始された。

日本側の林大学頭以下の応接委員と挨拶を交わしたあと、日本側の首席委員が前年久里浜で受領した大統領親書への回答文書をアメリカ側に手渡した。その要旨は、次のようなものだった。

「新君（家定）は、諸法律を遵守することを宣誓して将軍に就任しており、直ちに旧法を変更することは不可能である。

しかし、水、食料、石炭、薪の供給および難破船とその乗組員の援助に関しては、必要かつ緊急であることを認める。まず開港地を決めた後、その港を準備する。それには約五年の年月が必要である。但し、長崎では明年一月から必要物資を渡すことにする」

これに対し、ペリーは合衆国と清国との条約とほぼ同様な条約を結ぶことを期待すると述べ、この協議の成果を条約締結でまとめあげたいとする強い希望を表明した。初日の協議は、日米双方がそれぞれの立場から主張を述べて、お互いの接点はなかった。

しかし、アメリカ側から予期せぬ問題が提出され、日本側はそのための交渉に応ずることになった。

その問題とは、アメリカ兵の墓地を購入したいという突然の申し出である。ペリーは、二日前に死亡した海兵隊員を近くの夏島に埋葬したいという要望を表明した。埋葬の件は、日本側が長崎の外人墓地を提案したがアメリカ側が拒否、結局横浜のある寺院の付属地に決定した。翌日、従軍牧師と寺院の僧侶の手によって、その海兵隊員は手厚く埋葬された。

かわら版も、ペリー艦隊が横浜沖に再来航したことについて、色刷りの大判で伝えている。

縦四十六センチ横六十三センチの大版一枚の色刷りのかわら版は、中央中段に、軍楽隊を先頭に銃を担いで整然と行進する兵士が描かれている。

下段には、アメリカの国旗を掲げた軍艦と江戸から横浜沖にかけた海岸警備の諸藩の担当地区を書き込んだ見取り図が記されている。

見取り図の真ん中には、ペリーの黒船艦隊が配されている。

上段には、江戸に近い品川や羽田・高輪周辺の担当として、松平家や井伊家など親藩・譜代の藩が多く見られる。そのほか、横浜周辺の警備には、小笠原家や真田家などの藩が担当となっている。

また、海岸警備の担当藩の一覧の最後に、日米交渉の全権として林大学頭と井戸対馬守の名前が書き込まれている。

そのほか、人心を鎮めるための水増しであろうか、見取り図の最後に警備陣の総勢は五十八万六千七百五十人とつけ足されている。

交渉の合間に、アメリカ側と日本の応接委員たちが一緒に昼食をとった。この昼食の様子も、縦四十七センチ横二十四センチの一枚の色刷りで、「武州横浜於応接所饗応之図」と題して、かわら版が報じている。

下段に羽織袴姿の日本の応接担当の役人が、御膳の前で椅子に座ったアメリカ側の代表を接待する様子が描かれている。

上段には、御出役井戸対馬守と林大学頭以下、係の御役人が接待して、本膳二汁五菜の本格的日本料理でもてなしたことが記されている。

本膳二汁五菜について、酒と鯛の吸い物に始まり、刺身や煮物など五十種類の肴（松前スルメ、長芋、サザエ、車海老、白魚……）に続いて、本膳では一の膳、二の膳、三の膳、最後が海老糖、カステラの菓子と計百種類を超える料理が出された。

素材は産地・品質・鮮度の吟味を重ねた新鮮な魚介類、山菜等が用いられ、大鯛の姿焼を始めとする各種鯛料理は圧巻であった。

乗組員たちはスプーン・ナイフ・フォークを持参し、料理の刺身には手をつけず、甘くて味の濃いものばかりを食した。

料理は、江戸に店を構える有名な料理屋「百川《ももかわ》」が二千両で仕出しを受け持った。


昼食会と同時に、アメリカ側からアメリカから運んできた贈物を贈呈したいと申し出があったため、日本側も受け入れた。

将軍への贈呈品のうち、主だった物は次の通りだった。

小型汽車模型一組（機関車、客車）、通信機、銅製端艇、小銃、軍刀、望遠鏡、農具、毛織物、茶、香水、石鹸、各種書類、海図および地図などである。

また、老中首座阿部正弘にも次の贈呈品があった。

米墨戦争図（十二枚）、小銃、拳銃及火薬、軍刀、端艇、置時計、鉄製暖炉、絨毯、酒、香水。

ペリー一行からの贈り物の中でも、小型汽車と通信機への江戸庶民の興味と関心が特に高く、小型汽車を紹介したかわら版は飛ぶように売れて売り子の三四郎と喜助はてんてこ舞いだった。

版元の相模屋利左衛門は書き手の嘉平次と絵師の門之助に向かって、

「黒船についての情報なら、江戸庶民はなんでも買ってくれるよ！臨時の報奨金を出すから、睡眠不足で大変だろうけど、黒船ほどのネタはないから頑張ってくれよ！」

と、ハッパをかけていた。

小型汽車と通信機の実験が横浜村の応接所の前で行われた。蒸気機関車の精巧な模型に幕府の役人は驚いていた。見物に訪れた日本人が百メートルの円形の線路を時速三十二キロメートルで疾走する汽車に度肝を抜かれていた。客車は六歳の子供も入れないほどの小さなものであったが、見物に訪れた日本人たちは客車の上にまたがり大歓声をあげていた。

役人たちも線路を取り囲み、目を輝かせて高速で疾駆する汽車の模型を眺め汽笛を鳴らすたびに歓声を上げていた。この光景を前にしてペリー提督は笑いが抑えられなかったということだ。

通信機はいわゆるモールス電信機を使って電鍵でモールス符号を打つと、受信機の紙テープにデコボコがつくことで、伝言が達成されるものだった。

応接所に送信機、そこから約九百メートル離れた家に受信機を設置し、ペリー提督はこの電信機の機能を披露した。それを目にした役人たちはびっくり仰天していた。

電信機は、幕府の対応した役人たちに彼我の科学的水準の差を認めさせるものとなっていた。蒸気機関車のことを伝えるかわら版は数多く出回っている。

蒸気機関車のことを報じたかわら版の一つは「蒸気車の図」と題され、長さ一丈五尺、巾六尺という添え書きがある。
横三十センチ縦二十三センチの大きさの黒一色刷で左上にペリー提督の斜め横顔が書き込まれている。紙面の中央には、四人の隊員が機関車の釜に石炭を投げ入れている様子や煙突から煙が出る様子が描かれている。

こうした文明の利器のほか、多くの日本人はペリー艦隊の隊員の洋服のボタンに大変興味を持ったようだ。「こんな簡単で便利な品がなぜ使われてこなかったのか」、多くの日本人が反省することしきりだった。

ペリーと日本側応接委員の第二回協議は、二月十九日に開催された。

日本側は、明年一月からアメリカ船に対し、長崎において薪水、食料、石炭など必要物資の供給を行うことを表明していた。その後、五ヵ年の間に長崎以外にもう一港開港して同様のサービスをはじめる用意があると表明した。

アメリカ側は、長崎はアメリカ船舶の航路外なので不便である。航路上の港を開港してほしい、しかも開港の時期は六十日以内を希望する、と強硬だった。

アメリカ側の開港希望候補は、浦賀（神奈川）、鹿児島、松前、琉球の那覇だった。

ペリーは長崎には全く関心を示さなかった。那覇はすでに開港していたから、日本列島北部の松前、江戸付近の浦賀の開港に熱心だった。

日本側は、最終的に浦賀の代替地として下田を提案した。松前に関しては、松前侯と協議する必要があり、一年後に回答すると述べた。

これに対し、アメリカ側は、直接松前藩に赴いて交渉すると日本側を牽制した。

結局、日本側が折れて、二月二十五日に、箱館（現在の函館）下田の両港を約一年後に開港するという回答を与えた。

ペリーは、アメリカ船舶用の必要物資調達港として北東地域の箱館、本土の下田を開港させたことで、大満足だった。

最終的には、日本側は下田の即時開港を認めることになった。

二月二十六日、ペリー艦隊の四百人ほどが上陸した。この日は、楽隊が二組だった。ペリーからの献上品と幕府からの贈り物の目録が交換された。幕府の贈り物の中には米二百俵があり、この米俵を数十人の力士が運んでみせた。力士一人で二俵を持ってみせた。米俵の運搬が終わった後、力士たちがさまざまな演技を披露した。

この力士たちの力技も、早速かわら版で江戸の庶民に伝えられた。

「力士力競」と題された縦二十三センチ横三十五センチ、色刷りのかわら版には、アメリカ人の水兵たちが米俵の重さに手こずる中、涼しい表情で作業をこなしている六人の力士が描かれている。

この中で一人の力士が、水兵ごと米俵を担ぎ上げている様子が描かれていて、百八十センチ以上の大男が多くいた水兵たちがあっ気にとられている様子を描いている。

力士の中には、立派な体躯で人気のあった白真弓肥太右衛門もいた。この力士、身長が二百八センチ、体重が百五十キロもあったという。怪力自慢だった白真弓関は、首から二俵を下げるなどして、計八俵を一度に運んだという。

この様子に、ペリーを始めアメリカ人の水兵たちが驚きを隠せなかった。

同じ日、ペリー艦隊参謀長のアダムスが幕府の役人に伝えたという話がある。アダムスが伝えたのは、次のようなものだった。

「我々が渡来した理由は、交易がしたかったからだけではありません。アメリカが日本と親密な関係を作り上げたかったからに、ほかなりません。

アメリカは近年独立したばかりの国であり、十数年前にはイギリスに土地の過半を略奪されるような国でした。その時、イギリスと戦うために軍艦や兵器を準備しましたが、アメリカから戦争を仕掛けたことはありません。

下田において薪や水をアメリカ船に提供することも決まり、日本とアメリカが戦端を開くことはなくなりましたが、乗組員の中には日本を武力で圧倒せよと主張する者もいました。

こうした人々はアメリカへ送り返しました。したがって、幕府が海岸の警備を強化する必要はなくなりました。

このように話すと、警備を弱体化させた後に、不意に攻撃するのではと疑われるかもしれませんが、そのようなことは決してありません」


ペリー来航により、アメリカ人を描いたかわら版が数多く作られたが、多色刷りで錦絵仕立てのものも見られるようになった。

ペリーは勿論のこと艦隊参謀長のアダムスについても、まるで歌舞伎役者の似顔絵のように顔面をクローズアップしたかわら版も発行された。当時の江戸庶民は、黒船だけでなく、その乗組員にも興味津々だった。また、未知だった言語にも好奇心が向けられていたようである。

縦三十四センチ横二十五センチのサイズで、「北亜墨利加大合衆国上官肖像之写」と題されたかわら版には、ヘンリー・アダムスという人物の肖像画が大きく載せられている。彼はペリー艦隊の参謀長である。

目が大きく、鼻が高く、毛髪がカールしている。構図は歌舞伎の大首絵のようだ。添え書きによると、年齢は四十過ぎ、衣服の素材は「紺羅紗」で肩章を付けており、金属パーツは真鍮製、などの情報が書き込まれている。

その他は、「アメリカ言葉」対訳方式で記されている。

例えば、父はヲランペー、母はメランペー、夫婦はバカンパア、シルバーの銀はチイパレなどと記されている。

かわら版には、艦長のペリー提督やアダムス参謀長などの将官の肖像画だけでなく、兵士の像も描かれた。

兵士の多くは、黒い衣服に剣付鉄砲を持っている。アメリカ人の容貌・衣服・持ち物について、かわら版が伝える画像はかなり詳細に描かれている。

例えば帽子については、ペリー艦長用のものや、戦士や水兵用の帽子について詳しく書かれている。そのほか、銅鑼《どら》や軍楽隊の吹く大笛（トランペット）、真鍮製の剣、太鼓それに長さ一間半の櫂などが細かに描かれている。

また、通詞役の名前はホッテメン、年齢は三十八歳位、黒羅紗筒袖半ズボン、金環なし、など。

黒船についての江戸庶民の興味や関心は、尽きることがなかった。黒船についての情報を載せたかわら版が、江戸ではおびただしいと言っていいほど出回った。

版元の相模屋利左衛門は笑いがとまらなかった。つぎつぎに発行されるかわら版は、ほとんど売れ残るものがなかった。かわら版商売を始めてから、こんなことは初めてだった。

さらに新しい黒船情報を求める江戸庶民からの注文が絶えなかった。

利左衛門は書き手の岡崎嘉平次と絵師の門之助に向かって、

「黒船来航以来、休みなしで仕事をしてもらって感謝しているよ！　睡眠不足で体もきついと思うが、黒船情報は金のなる木だよ！　黒船サマサマだよ！　特別賞与を奮発させてもらうよ！

黒船情報は、まだまだ売れるよ！　江戸庶民の好奇心や知識欲はすごいよ！

疲れ切った体に鞭打つようでまことに申し訳ないが、もうひと踏ん張りしてくれよ！

とりあえずこの辺で、黒船情報総合案内版のようなものを作ったらどうかねー。嘉平次と門之助は、どう思うかねー？」

嘉平次は、

「わかりました。商売敵のかわら版の情報を盛り込んで、黒船情報総合ガイドのようなかわら版に仕上げる手はありますねー。

そうとなれば、相模屋の旦那、情報を拝借するほかの版元に了解を取ってほしいんですよ。その辺は、後で悶着がないように、よろしくお願いします」

これに対して相模屋利左衛門は、

「わかった。その辺は、まかしといてよ！」

と、二つ返事で応えていた。

つづけて嘉平次は、

「黒船の絵を多色刷りで新しい映像を盛り込んだものにしてほしいんだよ！」

と、門之助の顔を覗き込んでいた。

門之助は、

「はいよ！　黒船の絵をもっと新しい情報を盛り込んだものに、描き直したいと思っていたところです。やりましょう！」

と、快く話にのっていた。

浦賀にペリーが来航するのとほぼ時期を同じくして、ロシアからはプチャーチンが長崎に来航した。

こうした状況を踏まえて、〝北亜墨利加合衆国〟と〝露西亜国〟について情報を盛り込んだ「万国山海通覧分図」と題されたかわら版が出来上がった。

このかわら版は、アメリカとロシアを対比させるように、地図・人物図・国の解説・船の解説を掲載している。

紙面の真ん中に、北亜墨利加合衆国と露西亜国それに大日本の地図が書き込まれ、それらの間の海上に、煙を吹き出すアメリカの黒船とロシアの黒船が描かれている。

そして、北亜墨利加合衆国については、「王府をワシントンといふ。開びゃくより千八百五十三年になる、寛永年中日本浜田兄弟漂流のみぎり国王なく、独立建国して七十七年供和政治州と号、嘉永発丑六月伯里璽天徳（プレジテント）〈ヒルラルトセルモオン〉の命を請て海軍統帥〈マッチウセヘルリ〉書かんをたつさへ相州浦賀にとらいす」

また、露西亜国については、「王府をペ丶トルクといふ、開びやくより千八百五十三年あめりかと同、寛政年中伊勢白子の舟頭幸太夫、磯吉を連来りて松まへにいたる。文化元年九月仙だいの漂流人をつれ長さきに来り、通商を希ふ」という説明書きがあるほか、

肥前長崎より萬国海上之里数について、

「南京八三百四十里、北京へ五百九十里、山東へ四百里余、朝鮮へ百四十四里、琉球へ三百四十里、天竺へ四千百四十里、阿蘭陀へ一万三千五百里、露西亜へ千二百里余、亜墨利加へ五千里余」などの添え書きがある。

また、亜米利加船について、「長さ四十五間横三十二間、大砲前後六挺、一艘乗組五百人」、

一方、露西亜船について、「長サ三十五間余、巾十二間余、高サ十間余
石火矢三十六挺」などの情報が盛り込まれている。

このかわら版を読んでいた江戸庶民は、かなりの外国知識を身につけていたと考えられる。こうしたことから考えると、攘夷運動で肩をいからしていた尊王攘夷の侍たちよりも、江戸庶民の方が外国の事情に通じていたのかもしれない。

禅僧は、日米交渉の成り行きについても、書き記している。

十五日に二度目の日米交渉がありました。日本側の交渉役は一回目と同じメンバーです。今日も四百人ほどの外国人が上陸しました。ペリー側も交渉にあたったのは、一回目と同じ人物です。

交渉の内容については、以下のような噂話が洩れてきました。
一、アメリカから中国へ向かう船の中には難破するものもあり、こうした船の乗組員が日本へ漂着した時には、アメリカへ送還してほしいこと。
一、アメリカ船に薪や水を補給する港として下田を開いてほしいこと。また、北海道の箱館（函館）にもアメリカ船を入港させてほしいこと。これら港に入港する船は一年に一度、二艘までにすること。
このような話し合いがおこなわれ、日本とアメリカ合衆国は国交を結ぶことになりました。

ただし、貿易の開始については見合わせることになりました。これによって、近日の内に艦隊の船が下田と箱館の港を調査するために横浜を出発するということです。


禅僧の日記は、ペリーが持参した贈り物についてもふれている。

今日、ペリーが持参した贈り物が横浜村に陸揚げされました。蒸気小火輪車一組、小艇三艘、蘭名はバッテエラ。白酒の樽、大小数多これあり。百姓の農具一切、其内、鎌四十挺計り。鋤も都合よし。日本のよりは土を鋤くに利多し。唐鋤は尚々便利多し。日本にこれあり駕牛鋤の如くにして刃先の次に熊手に似たる物これあり。穿ち起す土を是にて場なし致し、其次に左右へ出たる小鍬二挺これあり。是にてウネを切る。このほか、一切ぜんまい仕掛けの物数多。

二月三十日、応接所で大詰めの交渉が行われ、「日米和親条約」の大綱が決定した。

その後、日米双方の事務方で条約文の作成を急いだ。

そして、嘉永七年三月三日、応接所で日米双方の代表によって、条約の調印式が行われた。

日本側の条約署名人は、応接委員の林大学、井戸対馬守、伊澤美作守《ミマサカ》、鵜殿民部少輔《しょうゆう》の四人だった。

アメリカ側は、マシュー・カルプレイス・ペリー提督一名が条約署名人になった。

条約文は、英語、日本語、オランダ語で作成された。林全権とペリー全権の手で条約文が相互に交換され、歴史的な調印式は終了した。

この条約は、横浜村で結ばれたところから、通称「神奈川条約」と呼ばれている。

条約は、
第一条　日本と合衆国は永世不朽の和親を取り結び、場所、人柄の差別を行ってはならない。

第二条　伊豆下田、松前箱館の両港は、日本政府がアメリカ船舶に対し、薪水、食料、石炭および必要物資を供給する港である。下田港は条約調印の上即時相開き、箱館港は明年三月より相始めることとする。

供給する物品の値段は日本役人が示し、支払いは金貨または銀貨によるものとする。

第三条　合衆国の船舶が遭難した場合、日本は漂民を助け、下田または箱館に送り、本国に引き渡す。

両国いずれの海岸でおきた難船救助の費用も償う必要はない。

第四条　合衆国の遭難者は他国同様、自由にして監禁されず、公正な法律に服することとする。

など、十二条からなっている。


条約が調印された後、ペリー提督は横浜村の住民とも交流している。

ペリーは参謀長アダムス、通訳など十数人で横浜村の南方を散策した後、横浜村の村役人を代表する石川家を訪問している。

石川家では、幹の直径が数メートルある庭先の松の巨木を見物し、その大きさに驚嘆していた。

石川家では、ペリーを座敷に招き入れ茶菓子や焼餅でもてなした。

村の人たちの中には、幕府の高官だけでなく村役人とも交流したペリーに親しみを持った人もいた。

禅僧の日記も、乗組員と村人の交流について書き記している。

今日、多数の乗組員が横浜村を歩き回りました。なかには家の中まで入り、女性や子供に戯れる者もあり、迷惑した家も多いようです。

特に、迷惑したのは村の東に住む裕福な家で、農業の傍ら荒物を商う家でした。この日、家の主人は応接所がある場所へ出向いていましたが、その留守に外国人が多数押しかけました。彼らは酒を出すことを求め騒いだようです。浦賀奉行所の役人が、当人たちから事情を聞き取りましたが、その時、村人から次の口上書が提出されました。

横浜村の住民から報告します。昨日、外国人が上陸し、私の家で飲酒しました。

私は、外国人が上陸し、「人足」が必要とのことでしたので、村人を連れて外国人の上陸地点に出向いていました。その時、将校らしき人物二名、水兵らしき人物六名が私の家にやって来たということです。

家の者は驚いて逃げ出しました。しかし、外国人に付き添っていた奉行所の役人が、騒ぎ立てるとかえって面白がって他の家にも立入ることになるかもしれないと言いました。そのため、家の者は座敷に戻りました。

すると、将校らしき人物が土蔵の庇の下に酒の空き樽が置いてあるのを見つけ、手振りで酒を要求しました。奉行所の役人は、飲ませないわけにはいかないので、代金は後から払ってやるとおっしゃいました。

そこで家の者は一合徳利に酒を入れ、盃と猪口を添えて出してやりました。役人が徳利から酒を注いでやろうとすると、外国人は下女に注ぐように求めました。飲み終わってから外国人は下女の肩に手をかけました。

下女は驚き逃げましたが、外国人は笑い声をあげました。その後、外国人はいったん帰りましたが、再び、日本の役人と一緒にやってきて最終的には一合以上の酒を飲み、便所を借りて帰っていきました。

条約調印後、林主席は直ちに江戸に戻り、老中首座以下の閣老と海防参与の徳川斉昭に報告した。

この席で、「アメリカ側に譲歩しすぎた」という意見が閣老の一部から出た。特に、徳川斉昭が不満だった。

これに対し、林主席は次のように答えている。

「折衝の結果、ここに至りました。交渉を拒否して開戦となり、敗れて和すれば、条約文の内容は、わが国にとってはるかに厳しいものになるものと考えます」

林主席の答弁に対し、徳川斉昭から反論があった。しかし、他の閣老は斉昭の意見に同調せず、条約調印は「やむなし」という考えでまとまってきた。

老中首座阿部正弘は、交渉の最高責任者だけに、発言を控えていたが、次の言葉で締めくくった。

「この条約の内容は、日本にとって許容できるものだと信じます。異国の船舶に港を開くことは、世界の大勢のように思われます。日本も世界の大勢に逆らうことはできなくなりました」

一方、ペリー提督は、条約の批准手続きのため、参謀長のアダムス中佐をサラトガ号でワシントンに向かわせた。

その後、ペリー提督は士官数名を伴って上陸、日本の役人の案内で横浜近郊の村々を視察した。

ペリー一行の行動について日記をつけていた横浜の禅僧も、このことに触れている。

三月十日は、晴天です。今日はペリーはじめ主要なメンバーが、気晴らしのために上陸しました。北方村（現在の横浜市中区北方町）まで足を延ばしました。帰りには増徳院という寺院に立ち寄り、横浜村名主の石川徳右衛門の家にも寄りました。

この家では庭の松を見物し、座敷にも上がりました。座敷には十三人、座敷の下に二人のアメリカ人が座り、全部で十五人のアメリカ人の訪問です。

石川家では、茶菓子と焼餅を出し、少しだけ酒も出しました。

ペリーは、石川家の当主と妻に対し、長く村に滞在し、いろいろ世話になったことを謝しました。

また、近日中に帰国すること、石川家が今後ますます繁盛することを願っているとも述べました。

これらの言葉は通訳のウィリアムズが訳しました。ペリーがやって来てから約四十日、最初はアメリカ人のことを敵のように考えていました。

アメリカ人も日本人を疑い、上陸の時には必ず鉄砲を持っていましたが、今では鉄砲を持って上陸する外国人は一人もいません。

心と心が触れ合い、別れと聞くと懐かしくさえ思います。こうして別離を惜しんだ後、ペリー一行は石川家に暇を告げました。


江戸の町には、おびただしい黒船情報がかわら版によって広がった。かわら版の版元には、江戸の庶民から黒船情報を分かりやすくまとめてほしいという要望が相次いだ。

江戸の町に出回った黒船情報をまとめるには、とても紙一枚では足りず、小型の冊子が作られた。なかでも十数枚の用紙でまとめた「異国落葉駕籠」が江戸庶民の人気を集めた。

「異国落葉駕籠」には、アメリカという国がどういう国であるかを説明した上で、黒船すなわち蒸気船の驚くべき性能について触れている。大海を龍の渡るが如し、と述べている。また、「両海岸の図」と題して各藩を動員した江戸湾の警備分担を一覧の形で紹介している。

さらに、アメリカからの贈り物としては、特に驚かれたといわれる蒸気機関車の模型をはじめ望遠鏡など数多くの珍しい品々を描いている。

南北アメリカを描いた図も収録している。さらに、ペリー一行の主要人物の肖像画のほか、兵士の装備や軍服も詳しく描かれている。

また、黒船がひときわ大きく描かれている。最後に、アメリカからの親書の和訳も掲載されている。


ペリー来航以前の日本では、庶民が海外の情報を入手することは大変難しかった。二百年以上もの間、日本はオランダ・中国・朝鮮以外の国との交渉窓口を閉ざし、入ってくる情報も限定的なものであった。

また、海外に関する情報は幕府が独占してしまうことが多かった。こうした状況を一気に変えたのがペリー来航であり、日米交渉が江戸庶民の目の前でおこなわれたため、幕府も情報統制を完全にすることができず、かわら版などを通して江戸の庶民は国際社会の実態を知ることになった。

しかし、江戸の庶民が海外の情報を入手できるようになったとはいえ、情報の入手経路は限定されたものであった。

「亜墨理駕船渡来日記」を書き記した横浜の禅僧は、幕府や藩の役人、あるいは乗組員と接触した人物から情報を入手し、自分の体験を加えて日記を書いたと思われる。横浜の禅僧は、警備を終えて撤退する各藩の動きや黒船九艘が役目を終えて、続々出港する様子も日記に残している。

三月十四日、真田（松代藩）と小笠原（小倉藩）の警備陣が翌日撤退することが決まったため今日、品川宿まで退きました。十五日には横浜から北東の地域、神奈川宿や羽田村あたりの警備も引き払うことになりました。本牧から南の地域は、しばらく警備陣を置くことになりました。最終的に、三月二十一日に、ペリー艦隊が退去しましたが、下田や箱館に立ち寄った船もありました。

条約締結後、これ以上艦隊が江戸湾に留まる理由はなかった。

ペリー提督は旗艦ポーハタン号に乗り込み、ミシシッピ号を伴って、下田に向けて出航した。その日の午後に下田港に投錨した。

ペリーが下田に着いてから数日後、事件が発生した。吉田松陰が門弟の金子重之助を伴って米艦に乗り込み、必死になってアメリカ行きを嘆願したのである。三月二十七日の夜から明朝にかけての出来事であった。

吉田松陰は長州藩の兵学者だったが、佐久間象山に師事し、その持論に心酔していた。

象山は、国家多事の時、前途有為の青年を外国に派遣して、外国事情を勉強させ、軍艦を購入して航海術を学びながら帰国させる計画を考えていた。

象山は、以前からその考えを幕府の海防掛で勘定奉行の川路聖謨に進言していた。

象山は、川路聖謨が老中首座の阿部正弘に働きかけてくれるものと期待していた。

川路もその考えに一時乗り気になり、候補者の人選を依頼してきたほどだった。

象山は、直ちに松陰を含め数名の塾生の名前をあげ、その実現を熱く懇請した。

もっともその時は時期尚早で、象山の夢は日の目を見なかった
しかし、吉田松陰は外国渡航の夢を抱き続け、長崎にいるロシアのプチャーチン艦隊に乗り込むため長崎に赴いたほどだった。

残念なことに、松陰が長崎に着いた時、ロシア艦隊はすでに長崎を出港した後だった。

松陰は、長崎から一度故郷に戻り、嘉永六年の年末に江戸に到着した。江戸でひそかに海外密航の計画を練っていた。

ペリー艦隊が下田に回航するという報を聞いて、松陰は金子を伴って下田に到着、密航の機会を狙っていた。

吉田松陰は瓜中《かのうち》万二、金子重之助は市木公太という偽名を使い、ペリーへの渡航嘆願書を作成していた。それを三月二十七日の朝上陸してきたアメリカ士官に渡しておいた。

二人は三月二十七日夜に海岸に行ったが、たまたま引き潮だった。近くの弁天様の社で休み、翌日の満ち潮を待って小舟を出した。

ミシシッピ号の舷側にたどり着いた。梯子段を登って交渉をはじめたが、要領を得ず、ポーハタン号へ行けと手真似で指示された。

二人はやむをえず再び小舟に戻り、ポーハタン号を目指した。ポーハタン号は旗艦だけに、日本語を話す通訳ウィリアムズがいた。

ウィリアムズは、ペリー提督に取り次いだ。

戻ってきたウィリアムズによると、

「横浜で日米両国間の条約を結んでいる以上、あなた方の個人的希望を認めることはできない」

ということで、渡航の希望はかなえられなかった。

翌朝、村人は海岸から小舟が消えたことを知り、その小舟を探して発見した。小舟の中に証拠物件が残されていたため、二人はやむをえず姉崎村の名主の家に自首して出た。

二人は、重罪を犯したとして江戸送りとなり、四月十五日に伝馬町の牢に入れられた。

小舟に残した証拠物件の中に、象山が松陰を激励した詩が発見され、象山も逮捕されてしまった。

象山の逮捕を知った川路聖謨は、老中首座の阿部正弘に相談して、寛大な判決が下るように各方面に働きかけた。

幸い、老中首座阿部正弘は寛大な心の持ち主だった。判決は九月十八日に下った。象山、松陰、重之助いずれもそれぞれの藩での蟄居が申し渡された。象山はともかく、松陰と重之助にとっては、信じ難いような寛大な判決であった。

当時、国禁である海外渡航は、死罪もしくは終身刑にあたる犯罪だった。

長州藩のほうが事の重大さに驚いてしまった。二人を萩に送り、十月二十四日の朝、二人の駕籠が城下に着くとすぐに、松陰を野山獄へ、重之助は道をはさんで向かいにあった岩倉獄に収監した。

重之助は入獄してから三ヵ月足らずで、二十五年の生涯を閉じてしまった。病名は腸結核だったという。

松陰は安政二年十二月十五日に保釈され出獄した。その後一年ほどして、「松下村塾」を開いた。久坂玄瑞、高杉晋作、伊藤博文など多くの維新の俊秀を育てている。

日米和親条約が成り、ペリーが江戸湾を去った三月下旬から、老中首座阿部正弘は老中辞任を考え始めていた。

阿部正弘は、ペリー来航のほぼ一年前の嘉永五年五月、安中藩主板倉勝明から一通の書状を受け取っていた。阿部正弘は領地一万石余の加増が認められ、十万石から十一万石の大名に昇格した直後のことだった。

板倉勝明は、阿部正弘の父・正精の妹の子で、正弘の従兄にあたる。年齢も正弘より十歳年長で、折にふれて、正弘に忠告の書を寄せていた。

この時も、菅原道真の例をあげて、「禍を未然に防ぐには、得意のうちに早めに勇退したほうが望ましい」と書いてきた。

これに対し阿部正弘は、次のような返事を出している。

「忠告善導、懇情此に至る、感謝に堪えず、然れども、今ここに貴意を遵奉するを得ざる者あり、国家日を遂ふて多事、遭遇此に及びて切に思ふ、寧ろ斃れて後止まんのみ」

阿部正弘の国を想う烈々たる責任感とすさまじい政権担当への気迫が返書の行間ににじみ出ている。

その時から二年近い歳月が流れた。日米和親条約を締結したこの時期、老中首座阿部正弘は老中辞任のいよいよ潮時だと判断していた。

たまたまその頃、阿部正弘は井伊直弼の謀議の情報を掴んだ。後の大老になる彦根藩主の井伊直弼は、老中松平乗全《のりやす》と若年寄・内藤頼寧《よりやす》と密かに結託、幕閣人事の一新を図ろうとしていた。

井伊直弼の判断では、極端な攘夷論者の水戸の徳川斉昭も望ましくないが、さりとて和平一辺倒の老中首座阿部正弘も好ましくなかった。

大仕事を終えたことでもあるので、阿部正弘に引退を願って、同時に徳川斉昭も幕政から排除しようという動きであった。

井伊直弼は、内藤頼寧を使って、密かに将軍側用取次の本郷泰固《やすかた》に上申書を手渡した。本郷は、その上申書をわざと他の公文書と一緒に老中首座阿部正弘に送付してきた。本郷泰固の通報で阿部正弘は井伊直弼の謀議を知ったことになる。

上申書を読んだ直後は、さすがの阿部正弘も内心不愉快だった。しかし、冷静に考え直すと、井伊直弼の考え方にも一理あり、賛同できるところも多かった。

老中首座阿部正弘は、自分の手によって、今こそ国を開かなければならないとする歴史的使命感をもっていた。

同時に、この時期に欧米の文明を吸収しないことには、日本は海防の技術に遅れ、世界文明の発達に浴さない未開の極東の孤島に転落してしまうという危機意識があった。

そのためには、耐え難きを耐え、世界の文明社会と日本が何らかの形で結ばれる筋道を構築しておかなければならないと、阿部正弘は決心していた。それが老中首座としての務めだと確信していた。

阿部正弘は、いままでその使命感で一生懸命頑張ってきたわけだが、ようやく自分の役割を終えたと感じる心境となった。

正弘は、まず老中同期生で苦楽を共にしてきた牧野忠雅に辞意を伝え、福山藩の重臣たちにも辞任の決意を伝えた。

四月十日、阿部正弘は辞表を次席老中の牧野忠雅に託して、出仕を遠慮した。

牧野忠雅は預かった阿部正弘の辞表を松平乗全に渡し、自分も出仕を控えてしまった。

阿部正弘が辞意を固め、辞表を書面にしていた四月六日に、京都の御所が火事で炎上した。孝明天皇は下賀茂に遷幸されたことを伝える、京都所司代からの急報が四月十日の午後、幕府に入った。

幕閣は騒然となった。幕閣の間には、この非常時に閣老の辞任を認めるべきではないとする意見が急速に広がってきた。

その動きを敏感に察知した松平乗全は、その夜福山藩の老臣を呼んで、阿部正弘が辞意を撤回するように強く勧めた。

しかし、翌朝松平乗全は阿部正弘の辞表をもって、家定公の御前に伺候している。将軍家定公は大いに驚き、辞表に「恐懼《きょうく》謹慎」とあるが、その意味するところを松平乗全に質問した。

乗全は、「外国の処置に関することと存じます」と答えた。

「これは伊勢一人の過誤にあらず、時勢已むを得ざる所なれば、責を引くに及ばず。且つ伊勢に今退かれたら、私が甚だ困却をいたす。同僚宜しく協議して、その出仕を促すようにいたせ」

将軍の鶴の一声で、井伊直弼一派の謀議は潰えてしまった。松平乗全は恐懼して、御前を退いた。その時から乗全は心を入れ替え、本気で阿部正弘に出仕を懇請してきた。

阿部正弘もついに辞意を断念、四月十三日再び出仕した。当然、牧野忠雅も阿部正弘と行動を共にすることになった。

その間、京都所司代から皇居炎上の詳報が伝えられた。被害は予想以上に大きかった。

四月十六日、将軍家定公は阿部正弘を御前に召して、皇居造営総裁を兼任することを命じた。

阿部正弘の母で父正精の側室貝美子は、正弘と同じ辰ノ口の官邸に住むのを遠慮し、本所石原の別邸に住み続けていた。

そんな母を阿部正弘は、折に触れては訪ねていた。この時期の阿部正弘は老中首座として、開国派と攘夷派の融和を図るという問題の打開に苦慮していた。

勤子が亡くなった翌年、阿部正弘は、後妻謐子を迎えていた。

難局を乗り切る息苦しさを、阿部正弘は母を訪うことでまぎらわしていた。それに母ととりとめないことを話し、時間を費やしているだけで、目下、彼が追い込まれている国事への苦悩を、いささかでも忘れていることができる。

ある時、阿部正弘は、いつものように本所石原の母のもとを訪ねようとして、本所の東北、小梅の先にある長命寺へと駕籠を運ばせた。

母に桜餅でも買っていこうと、思いついたのだ。

長命寺の桜餅は、長命寺の寺男が、余りにも多い桜の枯葉の利用法を思いつき、葉の若いうちに摘み取って塩漬けにしておき、それに餅を包んで売り出したのが始まりだという。

「おとよと申す評判娘が売っておりまする」、
従者の一人がそう教えてくれた。

おとよが『江戸名所百人美女』の一人として、錦絵にも描かれたことがあると聞かされた正弘は興味を惹かれ、店から少し離れた処に駕籠を下させた。

そのおとよは、なるほど美しい娘であった。今を時めく天下の老中が、駕籠の中から自分に目を注いでいることなど露ほども知らず、訪れる客たちに愛想よく応対している。

「桜餅を求めてまいりました」

従者の声でわれに返った正弘は、母の住む石原別邸へ向かった。

それ以来、正弘の胸から、なぜかこのおとよの明るい微笑と声は去ることがなかった。

天下の老中首座が、母を訪うことにかこつけて、幾度となく駕籠を長命寺へと運ばせたのである。

三十歳も半ばを過ぎて、と正弘は一笑に付そうとするのだが、おとよへの執着は、容易に正弘の心から去ってはくれない。

こうしたなか正弘は、他にもおとよに心を寄せている貴人がいることを耳にした。

やがて正弘は家臣に命じ、おとよを福山藩の江戸邸の一つに引き取ることにした。

むろん、おとよの方では驚いたであろうが、時の老中首座の側室にと望まれたのである。

少し前から、身分の高い人の駕籠が、度々長命寺を訪ねてくることは、周囲の人々の口の端に上っていた。

「なんでも阿部のご老中様だということだ」

この噂は、おとよの耳にも入っていた。

こうしておとよは、正弘の燃えるような思いに応えたのである。

藩邸に引き取ったおとよを、正弘は毎夜のように愛した。

この二年ばかりの後に正弘は世を去ることになるのだが、おとよへの愛は、まるで正弘が、自分に残された命の短さを感じていたかのように思われる。

正弘の死後、世間の人々は、

「あの切れものの阿部の殿様も、ついには長命寺の小町娘に命を奪われてしまった」

と噂し合ったという。


藩士たちの海軍伝習がはじまって間もなく、イギリス東インド艦隊司令長官スターリング提督が、軍艦四隻を率いて長崎に入港してきた。閏七月十五日の卯の上刻（午前六時過ぎ）の入港だった。

阿片戦争以来、幕府が最も恐れていたイギリス艦隊の入港で、一時、長崎奉行所は緊張に包まれた。

しかし、イギリス艦隊の態度は極めて紳士的だった。たまたまイギリスと友好関係にあるオランダの軍艦が長崎に居たことも幸いしたのかもしれなかった。

イギリス艦隊には、元漂流民でイギリスに帰化し、上海のイギリス公使館に勤務している尾州の正吉という初老の日本語通訳が乗艦していた。日本語が通じるので交渉は予想以上にはかどった。

スターリング大将は、長崎奉行の水野忠徳に書類を提出した。その書類には、クリミア戦争の経緯とロシア軍の敗戦の事実が述べられており、ロシアには蝦夷地に領土的野心があることを警告していた。

そして、ロシア軍艦探索のため、日本の港への入港を許可してほしい旨記されていた。

水野忠徳は直ちにその書類を幕府に送付した。江戸――長崎間の書状の往復は、至急便でも二十五日ほどかかる時代である。スターリングもしばらく待つ方針だった。しかし、待ち切れない様子で、スターリングは水野忠徳に催促の書状を出し、アメリカ同様イギリスにも七里四方の遊歩を認めるよう要求してきた。水野忠徳の判断でそれを許可した。

ようやく八月十二日に老中首座阿部正弘からの指示が届いた。

当時としては異例の速さでの書簡の往復だった。老中首座阿部正弘からの指示は、大要次のようなものだった。

一、交渉の全権を長崎奉行・水野筑後守と同奉行所目付・永井岩之丞に命じる。
二、ロシアとの関係もあり、長崎と箱館をイギリス船に開港し、船舶の修理および薪水食料その他必要物質の調達に応じる。但し、箱館開港はイギリス艦隊退去より五十日後とする。
三、難風に遭い、進退に窮する船舶は、臨時に両港以外に入港することを認める。
四、日本は外国に対して中立の立場をとっている。日本の港の内外での探索、戦闘は絶対に認めない。
五、もしその他の要求がある時は、日米和親条約の範囲内で、全権の判断で交渉して差し支えない。

早速、翌八月十三日、水野筑後守はスターリングを長崎奉行所に招き、第一回目の交渉に入った。

スターリングは、訪日の第一の目的は、まず日本の港へ逃げ込んだロシア軍艦を探索、撃破することだと、武人らしく率直な意思表示を行った。これに対し水野筑後守は、限られた目的での港への入港は認めるが、戦闘のための入港は認められないと、はっきり答えた。

八月十四日、スターリングはまず副官を通じ、書類で要望書を提出してきた。

「戦争状態にある場合でも、定められた港以外の出入りはできないのか。ロシアと交戦しているので、その間多くの港を開放してほしい。但し、日本の港では戦争しないことを約束する。また、日本は外国に対して中立なら、どこの国も同じように扱ってほしい」

これが要望書の主な内容だった。

八月十八日、水野は奉行所で第二回の会議を開き、書面で次のように回答した。

「長崎と箱館を開港し、薪水食料の供与は行う。台風などによる一時的な避難のためには、例外的に他の港も開放する。但し、戦争のためという条項では承認できない。また通商を約束している国（オランダをさす）と、それ以外の国を同列に扱うことは難しい」

水野忠徳の論理は、筋の通ったものだった。

スターリング司令長官は、水野の申し入れを総て了承した。

嘉永七年八月二十三日、長崎奉行所で第三回目の会談をもち、日英和親条約を締結した。

嘉永七年（一八五四）の夏から秋にかけて、ヨーロッパの黒海、バルト海を中心に英仏連合軍とロシア軍の激しい戦争が展開されていた。クリミア戦争である。

ロシアのプチャーチン提督は、英仏艦隊の厳しい探索の動きを回避して、暫く鳴りをひそめていた。

しかし、神奈川条約などの報が入ると、プチャーチンは、嘉永七年八月三十日、ディアナ号で突如箱館に入港してきた。

スターリングのイギリス艦隊が長崎を去った翌日のことだった。

箱館には偵察のため入港しただけでディアナ号は、紀伊半島を回って、九月十八日、天保山沖に投錨した。

大坂湾に乗り込んだロシア軍艦についても、「大坂湊口江異船舶来之図」と題して、横四十五センチ、縦三十一センチのかわら版が発行されている。

「大坂湊口江異船舶来之図」と題されたかわら版には、遠く淡路島や紀州から明石や兵庫、灘、西宮、尼崎、天保山なども書き入れた大坂湾の真ん中にロシアの黒船が浮かんでいる。
添え書きに、長さ三十間余、幅二十間余、人数百五十人とあり、周りに幕府の船らしい三艘ほどが取り巻いている。
幕府は諸大名を動員して、すき間なく警備陣を敷いた。
イギリスとロシアはクリミア戦争で敵対関係にあり、ロシア艦隊は、イギリス艦隊の目をくらませるため、大坂湾に逃げ込んだらしい。

大砲五十二門を積んでいると言われる黒船の大坂出現で、大坂の市中は騒然となった。

町奉行が、「心配は無用」と通達を出しても、一向に騒ぎは収まらなかった。大坂に近い京都での騒ぎも大きくなり、公卿たちも狼狽し始めた。

翌十九日、京都所司代の脇坂淡路守が下賀茂の仮御所に参上、近在の藩が大坂湾、京都警備を固めていることを奏上している。

大坂城代土屋采女《うねめ》正から早馬で幕府に通報があり、幕府は直ちに「下田か長崎への回航を申し入れよ」と指示した。

大坂城代の役人から通知を受けたプチャーチンは、長崎を避け、下田行きを希望、十月三日に大坂港を出港した。

ロシアは英仏両国と戦争状態にあったが、アメリカとの関係は比較的良好だった。プチャーチンは迷うことなく下田を選択した。

プチャーチンが下田に向けて航進中、江戸城では老中首座阿部正弘を中心に対ロシア対策が討議されていた。

プチャーチンは十月十五日に下田港に着いた。大坂を発つ時の大坂城代の知らせでは、旧知の筒井と川路が下田でプチャーチンを迎えているはずだった。

プチャーチンは温和な提督であったが、両人の不在を下田奉行の都筑駿河守から知らされると、さすがに不快の表情となった。

「約束が違う。それではこれから江戸に行く」

「もう筒井様も川路様も江戸を出発しております。行き違いになりますから、是非当地でお待ちくだされ」

駿河守もプチャーチンを引き留めるのに必死であった。

老中首座の阿部正弘は、十月十七日、大目付筒井正憲、勘定奉行川路聖謨に幕府の交渉全権として下田に赴くよう命じた。在府下田奉行・伊澤美作守以下数名が随行することになった。

川路は命を受けて二、三日後に出発を予定していた。しかし、下田から早馬の報が入り、十八日夕方登城後直ちに江戸を発ち、下田に急行した。

下田到着は十月二十一日の深夜であった。老人の筒井は、少し遅れて十月二十三日夜下田に入った。

当初、待たせたことでもあり、川路は十月二十五日頃から会談に入る予定だった。

しかし、交渉の段取りで時間を費やし、十一月二日のディアナ号での招宴の後、十一月三日から第一回目の日露下田会談が開かれた場所はペリー艦隊ゆかりの玉泉寺であった。

プチャーチンは、会談の冒頭次のように切り出した。

「ロシアは交易の開始を強く希望する。国境については、択捉島は日本の領土として承認する。樺太についても、交易を認めるなら弾力的に考えたい」

ロシアは極東の不毛の領土を抱えているだけに、アメリカより切実に交易の実現を要求した。毛皮等を輸出して、食料その他の生活日常品を輸入したかったのである。

次に交渉は開港地の選定に移った。プチャーチンは、箱館と大坂を要求した。筒井が大坂は困ると説明すると、兵庫（神戸の前身）はどうかと申し入れてきた。ロシア側もかなり日本の港を研究済みの様子だった。

筒井は、下田と箱館、それに長崎以外に開港の予定がないことを告げた。

翌十一月四日の六つ半（午前七時過ぎ）下田に大地震が起き、大津波が押し寄せてきた。

大津波が下田の町を襲い、下田は大被害を受けた。川路一行の宿も流出した。ディアナ号もかなりの被害を受けた。ロシア側から、近くの港を借りて修理したいという申し出があった。

老中首座阿部正弘も、あれこれ修理の港を考えてみたが、妙案が浮かんでこなかった。

ところが、必死の思いで修理地を探していたロシア側から予期せぬ提案があった。下田から北西十七里ほどの西海岸にある戸田《へだ》村を希望してきたのである。戸田《ヘダ》村は土肥の北にある漁村だった。

老中首座阿部正弘は、この申し入れを快諾、江川英龍（太郎左衛門）の支配地近くなので、江川に監督させることにした。

不幸なことに、戸田村に向かったディアナ号は、十一月二十七日、駿州富士郡宮島村の沖合で座礁してしまった。

江川は現場に急行して、状況を下田の川路聖謨に知らせた。

沼津藩水野出羽守の家臣をはじめ、近在の漁民の懸命な救出作業で、プチャーチン以下五百余名の乗組員全員が浜に上陸できた。

十二月二日になって、漁船百艘を動員してディアナ号を沖合に牽引したが、船底の損傷甚だしく、西風と高波を受け、ついに沈没してしまった。

救出されたロシア兵は、日本人の好意で、近在の寺や仮設の小屋に収容され、寝具、衣類、食料が与えられた。プチャーチンは日本人の救助活動に心から感謝していた。

十二月五日と六日、二隊に別れて、乗組員五百余名は徒歩で戸田村に向かった。戸田村の海に近い宝泉寺にプチャーチンが落ち着き隣の本善寺が士官用の宿舎となり、水兵たちに急造の仮設小屋が用意されていた。

かわら版は、被害を受けたロシア船ディアナ号についても、情報を伝えている。

大津波のため伊豆沖で破損して海に横倒しになり沈没したディアナ号が全面に描かれている。長サ三十間、巾十五間、帆柱三本、石火矢六挺、大筒十八挺、乗員五百人の

添え書きがある。

沼津藩の家臣それに近在の漁民や村民が懸命に救助活動を行った。

打ち寄せる荒波の中、乗組員や積荷の上陸を助け、船と浜との間に張ったライフラインを小舟が往復して、乗組員全員と資材が陸上に確保された。


これだけの大難にあったにもかかわらず、プチャーチンは怯むことなく、交渉の再開を提案してきた。十二月十日に小舟で戸田を出発、松崎経由で十三日に下田に到着した。

翌十四日から会談が再開され、十六日に大筋の合意が成立した。

それから一週間を経た安政元年十二月二十一日、日露和親条約が締結されたのである。

調印の場所は、下田の高台にある長楽寺、ロシア側の全権はプチャーチン提督、日本側全権は筒井政憲肥前守と川路聖謨左衛門尉であった。

ディアナ号が沈没した当日（十二月二日）、プチャーチンは江川太郎左衛門に対し、戸田村での代艦建造願いを申し出た。江川は直ちに幕府にその願いを伝達し、江川からも「日本の造船技術進歩に資すること大なるものがあり、是非許可してほしい」という書状を添えておいた。

近代造船技術の習得にきわめて熱心だった老中首座阿部正弘は、直ちに全面協力を約し、江川に総監督役を命じた。

プチャーチンの一行が戸田村に着いた翌日の安政元年十二月七日（一八五五年）に幕府は建造願いを許可している。当時としては異例に早い許可願いの受理であった。

戸田村は戸数五百戸、人口約三千人の比較的大きな村だったが、六百名近いロシア人の衣食住を賄うことは不可能だった。戸田村は沼津藩（藩主水野忠良《ただなが》）と旗本小笠原順三郎の知行地だったが、水野と小笠原にもそれほどの財政負担能力はなかった。

そのため、幕府が全面的に乗り出し、戸田村は実質的に臨時の幕府直轄地になった。

幕府は、戸田村への三方面の出入口（北の真城越、東の修善越、南の小土肥越）に関所を設け、西の海には御用船を配し、ものものしい警戒態勢を敷いた。ロシア人の食料は、幕府が責任をもって給することとした。

その後、安政二年十月二日（一八五五年十一月十一日）の夜十時頃、江戸の大地が激しく鳴動した。震源は江戸のほぼまん中、しかも浅い所とみえ強烈に揺れた。この江戸大地震の発生を受けて、おびただしい数のかわら版が発行された。幕府は砲台など国防のための整備が急務であった時期に、江戸大地震災害による旗本・御家人の救済、被災者の救援や倒壊・破損した江戸市中の復興に多額の出費を強いられた。

加えて、諸大名・旗本らも同様の状況で、江戸屋敷の被災もあり、資材・資金・労働力の徴収として影響は領民に及んだ。

老中首座安部正弘は、米、英、露三ヵ国との和親条約の締結をなんとか済ませて、オランダとの条約交渉を進められないことが気になっていた。しかし、安政大地震に対する対応に時間をとられて、それどころではなかった。

江戸市中の死者数は、七千人から一万人と推定される。大名屋敷は、二百六十六家のうち百十六家で死者が発生。特に大名小路（現在の丸の内あたり）にあった五十五家のほぼ全てで何らかの被害があった。町人地の家屋は一万四千余軒が倒壊した。特に深川の被害が大きかった。

中央防災会議専門調査会の推定では、地震の規模はマグニチュード七程度、江戸市中で震度六以上は、現在の千代田区丸の内、墨田区（本所）、江東区（深川）だった。新吉原では、廓全体に延焼し千人以上が亡くなったと言われる。

当時六百種ほどのかわら版が発行され、うち三色刷りの超大判の一つは、通常より高い一部三十文だったが飛ぶように売れた。

倒壊する家屋、燃え広がる火の手が極彩色で描かれており、家が潰れ、火を発し、人は生きながら焼かれて酸鼻をきわめている。

余震は二十九日までつづき、はげしい日は八十回を数えた。被害は丸の内の大名屋敷、上野・浅草の寺社・町家にひどく、本所・深川の町々もほとんど全滅した。

お江戸名物浅草寺の五重塔も傾いた。哀れなのは吉原で、ちょうど歓楽の極致の時にグラッときた。あわてて逃げ出したとたん梁の下敷きとなった客は自業自得として、三千の遊女が逃げ場を失って焼け死んだ。

老中首座安部正弘は大名防災着に身をつつむと、家臣数人を従え江戸城に登城した。余震が立て続けに起きた。

門を守る侍たちが厳重な警戒をしていた。安部正弘たちは坂道を駆け上り、大奥へ向かった。家定将軍の安否を問うと、吹上庭園に避難されているという。

「ご無事で、なによりです」

有明提灯をもった大奥女中に守られていた提灯の灯りで、寝衣姿の将軍家定と安部正弘は顔をつき合わせた。

震源地は江戸で、直下型の「安政江戸大地震」の発生である。余震で地面がなおも揺れる。江戸城周辺の倒壊した家屋から火が出たようだ。真夜中の空がいちだんと赤く焦げてきた。月面が流れる煙で黒く汚れていた。

老中首座安部正弘は、城内警備の侍に二、三の指示を与えてから辰ノ口の官邸に戻ってきた。官邸は家屋が潰れて重なり、築地塀《ついじ》が倒れている。

夜明けとともに、被害の報告が増えた。この官邸でも、男女ともに死傷者がいると知った。

官邸の老中首座の下には、大地震の被害の状況が町奉行の与力から次々に届く。安部正弘は概略の被害予想をだすように指示した。

その見込み数字で食料、水、緊急物資の支援を関東一円に出すようにと、その伝令をもって福山藩家中が関係する奉行に走って向かった。

町奉行所の与力から、江戸城周辺の大名屋敷から上野、浅草の町家まで壊滅したらしいと、情報が入ってくる。さらには、浅草・吉原の三千人の遊女が逃げ場を失って焼け死んだようである。浅草寺の五重塔が傾いた。本所・深川の町もほとんどが全滅だ。町奉行からは、より悲惨な情報がなおも入ってくる。


地震の発生直後から、鯰絵の出版が始まった。鯰絵は、大鯰が地下で活動することによって地震が発生するという民間信仰に基づいており、安政の大地震の後、江戸を中心に大量に出版された。

鯰絵には多種多彩な構図が用いられた。大鯰を懲らしめる庶民の姿を描いた合戦図の形式、あるいは両者の対立を描いたものが特に知られる。

鹿島神宮の祭神である武甕槌《たけみかづち》大神が要石によって大鯰を封じ込めたという言い伝えは当時広く流布しており、鯰と対決する役柄として鯰絵にもしばしば登場している。鯰が地震を起こしたことを謝罪したり、震災復興を手伝ったりするユニークなパターンもあり、いわゆる「世直し鯰」の構図としてさまざまな作品が作られた。倒壊家屋が多かったため、地震後の復興景気により大工や木材商が莫大な利益を上げたことを風刺し、これらの職人や商人が鯰に感謝する姿を題材にしたものもある。

安政大地震が起きた時、老中首座安部正弘は辰ノ口の役宅で、謐子夫人を相手に晩酌を楽しんでいた。その時、下から突き上げるような大きな揺れを感じた。次の瞬間、安部正弘は謐子夫人と一緒に畳に叩きつけられるように投げ出された。

老中や若年寄らの役宅は、大名小路や西丸下にある。この付近は安政大地震の被害が、もっとも激しい所であった。この付近は、ほぼ全ての大名屋敷が、全焼から大破まで差はあるものの被害を蒙った。

特に、老中四人のうち邸内に二十人以上の死者が出たのは、福山藩阿部正弘、越後長岡藩牧野忠雅、越後村上藩内藤信親であった。

関宿藩久世広周のみが一人の死者を出すにとどまった。

阿部正弘の役宅は倒壊し、安部正弘は無事だったが謐子夫人は倒れてきた大きな書棚の下敷になって大けがをした。

幕府の重役たちに被害が集中するという前例のない事態となっていた。

江戸城中も当初は混乱状態だった。まず十月三日に、老中首座阿部正弘が役邸倒壊のため、久世大和守が御用番を代行することになった。

幕閣がいかに混乱していたかは、その日のうちに、その大和守が発した触書からもうかがえる。

十月三日、大目付あてに出された触書には、「変事の際には、諸大名は将軍の安否を気遣って登城するのが慣わしである。

在府の大名はすべて御機嫌伺いのため老中の許へ出頭せよ、藩主が病気または幼少の場合は使者が代参せよ、在国の大名は至急の書状でその意を示すべし」

これが現状を無視したものであったことはいうまでもない。当日中に登城した大名は二十四家。その他の大多数は登城どころではなく、とりわけ居邸が潰れた大名は緊急の移転先を届け出るのに精一杯であった。

幕閣はやっとそういう事情を呑み込んだらしい。翌十月四日には一転して、触書を出し直している。

「諸大名の上屋敷が地震ならびに火災に遭い、難儀しているだろうとの思し召しによって、めいめい都合に応じて藩領に帰郷してよろしい。右の趣旨を一万石以上の諸大名に早急に伝えられたい」

当時の政情についてみると、幕府は諸外国との和親条約を前年に締結したばかりで、さらに強力な開国要求にさらされようとしていた。ぞろぞろと大名たちが国許へ帰ってしまったら、海岸防備への対応ができないのである。

十月七日には、改めて新しい触書が出てその趣旨は事実上撤回されている。

地震発生当初の幕閣の混乱はなんとか落ち着いたものの、米、英、露との和親条約をまとめた老中首座阿部正弘に対する攘夷派の反発や批判が激しく続いていた。阿部正弘は孤立状態に陥るおそれがあった。

そこで、地震発生七日後の十月九日、この緊急事態下にあって要の役割を担うべく、開国派の佐倉藩主の堀田備中守正睦が、老中に再任され、阿部正弘に替わって老中首座に任命された。阿部正弘は御用番として老中に残り、民政と財政を担当することになった。

これは幕府内部での開国派と攘夷派の争いで、阿部正弘が孤立することに対応するための処置で、実権は阿部正弘が維持していた。

当時、大名は江戸城中に、それぞれの格式に応じた控え室を有していたが、中でも最も重要なのが溜間《たまりのま》だった。

ここに詰めることができるのは、会津松平家、高松松平家など徳川一門の一部と、井伊家、酒井家、堀田家など譜代中の最有力の家柄に限られていた。

溜間詰《たまりのまづめ》の諸侯は、行政権は持っていなかったが、重大事には諮問を受けて答申する権利を持っていた。

こうしたことから、溜間詰の諸侯を敵に回してしまうと、老中といえども自由に活動することは難しかった。攘夷派の批判は相変わらず厳しかった。

そこで、阿部正弘は開国派で溜間詰の堀田正睦を再び老中に就任させるとともに、老中首座の地位までも堀田正睦に譲って溜間の諸侯との融和を図ろうとしたわけだ。

かわら版は、阿部正弘が老中首座の立場を佐倉藩主の堀田正睦に譲り、御用番として老中に残り民政と財政を担当することになったことを早速に伝えていた。

かわら版の売り子の三四郎と喜助は、上野広小路の盛り場でかわら版の束をかかえて大声をあげていた。

「てぇーへんだ！　てぇーへんだ！　老中首座阿部伊勢守様が首座の立場を堀田備中守に譲ったよ！　一部十文だ、さぁー、どうだ！」

アメリカ、イギリス、ロシアとの和親条約を成し遂げた老中首座の阿部伊勢守が、突然、老中首座の立場を堀田備中守に譲ってしまった。伊勢守は老中に留まって御用番として、民政と財政を担当するらしい。

どうやら幕府内部の開国派と攘夷派の争いが絡んでいるらしい。阿部伊勢守が孤立するのを恐れて、首座の立場を同じ開国派で格式の高い家柄の堀田備中守と交代したらしい。

「その辺のことを、このかわら版に書いてあるから、読んでちょうだい。一部十文だ！　さぁー、早い者勝ちだよ！　そこの若い衆、最新情報を知り合いのお姉さん方に教えたらどうだい！　男を上げると思うよ！」

江戸の庶民には、江戸城中のことは知る由もなかった。江戸城中の開国派と攘夷派の争いなんて、ペリーの黒船来航に比べればどうでもいいことであった。この話は、江戸庶民の間であまり広がりをもたなかった。

米、英、露三ヵ国との和親条約の締結を済ませたことで、開国の第一段階の任務を、阿部正弘はなんとか完遂したことになる。阿部正弘も幾分安堵していた。

しかし、阿部正弘が日々心にかけ、申し訳なく思っていた外交案件が一つ残されていた。オランダとの日蘭和親条約の締結のことだ。

ペリーの再来航に備えて長崎奉行として赴任していた水野忠徳は、オランダ商館長のドンケル・クルチウスに、今後の日本の防衛をいかになすべきかについて諮問していた。

これに対して、ドンケル・クルチウスは、翌嘉永七年、ペリーが二度目に来航した年に、長崎に入港してきたオランダ軍艦スンビン号の艦長ファビウスの意見書を水野忠徳に取り次いだ。

これは要するに、日本も海軍を創設すべきであり、そのためには軍艦を運航する士官や兵を育てるため海軍兵学校を作らねばならないが、オランダはその兵学校に力を貸す用意があるというものだった。

水野忠徳は、綿密に詳細な点まで何度となく問いただし、ファビウスの案を日本の国情にあうように修正した上で、この海軍創設計画を阿部正弘に上申した。

阿部正弘はこれを裁可し、軍艦二隻をオランダに発注した上、海軍兵学校の創設を決めた。

阿部正弘のこの時の意思決定は、電光石火の早さだった。これはファビウスが回答を待ってオランダに出発するべく、長崎で待機していたためだった。

ドンケル・クルチウスは、阿部正弘の迅速な決定を喜びながら、このチャンスを条約締結に活用しようと考え、長崎伝習所の教官を斡旋する前提条件としては、日蘭条約の締結が必要であることを力説した。

この和親条約は、それまで長崎を通じたオランダ貿易が行われてきた事を確認し、承認する内容を含んでいたため、事実上の通商条約と言える。

オランダとの和親条約締結は、アメリカ・イギリス・ロシアに遅れて、最後に行われたわけだが、実際にはオランダは、最初に日本との通商条約の締結に成功したと言える。

同じ安政二年に、オランダ政府は、本国政府からの指令を持って長崎に戻った軍艦スンビン号を、そのまま日本に贈与した。

この船は「観光丸」と名付けられ、長崎伝習所の訓練艦となった。スンビン号を日本に回航してきたペルス・ライケン艦長以下が、初代の伝習所教官となった。

長崎伝習所が正式に開校するのは、日蘭和親条約が正式に発効した安政二年十二月二十三日のことだった。

日本の保守的な大名たちが開国に反対するのは、海防、交易両面で外国と競争する自信がないからだと、阿部正弘は考えていた。外国のように大船を自由に操縦し、大洋を航海する人材が数多く日本に育てば、開港も交易も恐れることはないと信じていた。

それだけに阿部正弘は、安政二年十月から長崎で開設する伝習所に多大の期待と夢をいだいていた。

老中首座を降りた後、阿部正弘は改革をさらに断行した。阿部正弘が最初に行った仕事は、「洋学所」の設置だった。安政三年の正月のことである。

従来、日本は、長崎を中心に蘭学を通して西洋の文明を吸収してきたが、米英との条約を結んだ以上、阿部正弘は英語の勉強がより大切だと考えるようになった。世界の七つの海を支配しているイギリス語を日本の青少年に伝授しなければ、欧米の文明の進歩にますます後れをとってしまうと考えたのである。

阿部正弘にとっては、洋学所の設置は日本国の将来を占う最重要な幕府の任務と考えていた。

しかし、阿部正弘の洋学所の構想に攘夷派から猛然と反対の声が上がってきた。「開港したのは、異国の武力による脅迫もあり、やむをえざるものがあった。しかし、異国から何の要求もないのに、洋学所を開く阿部伊勢守の本心は理解に苦しむ」これが、攘夷派の反対の理由だった。

阿部正弘もやむなく妥協することにした。「洋学所」という名前について刺激が強すぎることに気づき、名称を「蕃書調所」に改めた。

幕府の天文方の翻訳掛を「蕃書和解《わげ》御用掛」と呼んでいた。天文のみならず欧米の文明を理解し、幕政に役立てるという名目にすれば、広く外国語を教えることができると判断した。阿部正弘は、蕃書調所頭取に儒者の古賀謹一郎を選んだ。

同じ安政三年には、近代陸軍として「築地講武所」(後の陸軍兵学校)を発足させた。古来の武士道の弓矢から、西洋式の大砲・小銃の訓練に変わった。

阿部正弘はこのように安政の改革として最大限の努力で、海軍、陸軍、学問教育の近代化をはかった。

この安政の改革を確固たるものにするために、同じ安政三年に、「富国強兵」を国家の基本政策として発表した。

「大森町打場」（砲台）は、たとえ外様大名であっても諸藩が砲術訓練につかえる許可を与えた。

長崎海軍練習所、蕃書調所、講武所の募集は、幕臣の旗本・御家人だけに拘泥せず、諸藩からも有能な陪臣を受け入れた。

近い将来はイギリスのように、諸侯から民衆まで広く方策をもとめる公議政体の構想までも、阿部正弘の視野に入っていた。

それが国家全体の力になる、と阿部正弘は信じて疑わなかった。

さらに、阿部正弘は、日本の踏絵の制度に疑問をいだき、その廃止を考えていた。踏絵の制度は、寛永六年（一六二九）から二百二十五年間も続いてきたキリスト教徒弾圧の有力な手段であった。

しかし、キリスト教国と条約を結び、人間を、場所、人柄で差別してはならないと取り決めた以上、阿部正弘には、踏絵は恥ずかしいほど野蛮な制度に思えてならなかった。

阿部止弘がいくら野蛮な制度だと考えても、二百年以上続けてきた制度を、一朝一夕に変更することは難しい。

阿部正弘は、まず老中の説得について時間をかけてはじめることにした。阿部正弘の遠い親戚筋にあたり、井伊直弼の謀議に加担した松平乗全に、最初に踏絵の話をもちかけてみた。

しかし、松平乗全は耳を塞いで、踏絵の話に乗ってこなかった。次に老中同期生の牧野に話しかけてみた。

「伊勢守殿、この儀は慎重にいたさねばなりません」

牧野から逆に阿部正弘に自重を促す忠告があったほどである。阿部正弘も、牧野に反対されては、それ以上話を進めるわけにはいかなかった。暫く中断することにした。

しかし、老中首座に開明派の堀田を迎えたのを機に、阿部正弘は堀田の意見を拝聴することで、「踏絵」の話を再開した。

「伊勢守殿が責任をもって評定所の合意を取り付け、将軍の裁可をいただくのであれば、堀田も協力いたしましょう」

阿部正弘は、消極的ではあるが、堀田の賛成を得て、踏絵の廃止に向かって動きだした。

反対が多いと予想されるだけに、阿部正弘はまず幕府の政策を審理する評定所で、充分な審理を行わせることにした。評定所は、寺社奉行、町奉行、勘定奉行と老中一名が加わって、合議制で案件を審理するが、大事な案件だけに、若年寄、大目付、目付も集まって評議が行われた。

安政三年の三月から一年ほどの評議を経て、ようやく評定所は踏絵廃止で合意に達した。しかし、実施は安政五年から、ということになった。

安政四年四月二十日、阿部正弘ら一行は、玉川上水の水源である羽村の取水堰に向けて遠乗りを行った。江戸大地震による破損の復旧工事が完成した玉川上水の視察だった。

そばに老中で下総関宿藩主の久世広周がいる。阿部正弘と同年齢だった。

馬上の正弘は、不快なものが胸の奥へと突きあがるのを感じた。吐き気にも耐えていた。

正弘の身体は、三月頃からやや変調を来たしていた。胸の痛みを感じ、疲労をおぼえる。

三十九歳にして十四里の遠乗り、これが最後の遠乗りだろうか、と正弘は死の予感がした。

羽村の玉川上水を視察した後、風邪に似た症状で、悪寒がひどく、全身がだるかった。

五月八日、発熱し登城できない日が続いていた。しばらくして正弘はなんとか登城し、越前藩主の松平慶永と面会した。

その際、松平慶永は、正弘の体調に見るからに異変が起きていることに驚いている。阿部正弘は、五月十三日も登城できなかった。正弘は、将軍の上意により、しばらく療養に専念することになった。

六月十六日、正弘の体調が急変した。老中首座の堀田正睦らに容体が伝えられた。

六月十七日の朝になっても容体は変わらず、やがて呼吸が苦しくなっていった。

枕元には、謐子夫人が付き添っていた。謐子夫人の心遣いで、側室のおとよも、夫人の後ろにそっと控えていた。

息を引き取る間際、正弘は謐子夫人とおとよの方に顔を向け、必死に口元を動かしていた。

口の動きは、

「ありがとう！」と言っているようだった。

このあと、阿部正弘は静かに目を閉じていた。

三十九歳の若さだった。

はっきりした死因は不明だが、老中首座としての激務による過労、酒の飲み過ぎ、あるいは肝臓がんであったろうと言われる。

十三年の長きにわたる老中職で、開国派と攘夷派の融和を図り日本を開国に導いた激務とストレスが命を縮めたのであろうか。

かわら版の版元・相模屋利左衛門は、阿部正弘死去の情報を得て、書き手の岡崎嘉平治と絵師の門之助を呼び出し、

「老中の阿部伊勢守が亡くなった。ペリー来航の際には、この商売を始めて以来最高に儲けさせてもらった。

伊勢守さまさまだよ。表向きは違法のかわら版だが、ペリー艦隊を伝えるかわら版

で、御上に取り締まりを受けることは、なかったからねぇー。これも、阿部伊勢守様が老中首座でおられたせいかも知れないよ。阿部伊勢守様は、日本開国の父だよ！

かわら版屋としても追悼号を発行して、阿部伊勢守様に最高の御礼の気持ちを表したいと思う。

ついては、阿部伊勢守様が成し遂げた業績を江戸の庶民に改めて知ってもらって、伊勢守様への【はなむけ】にしようと思う。

彫り師の彌之助、刷り師の慎二郎それに売り子の三四郎と喜助にも声をかけておくから、気を入れて仕事してくれ！　頼んだぜ！

それから、伊勢守様のお弔い号だから、今回は、お代はいらないよ！」

と声をかけていた。

阿部正弘追悼号のかわら版が出来上がった。ふくよかな顔の正装姿の阿部正弘の肖像をまん中に、主な業績が書き並べられていた。

（一）米英露蘭四ヵ国との和親条約の締結
（二）二百五十年近く続いた大船製造の解禁
（三）二百三十年続いた踏絵の制度を廃止
（四）品川および長崎等に砲台を築造、海防力を強化
（五）長崎に海軍伝習所を開設
（六）講武所を開き、大砲射撃場を設け、洋式陸軍の練兵に努めた
（七）蕃所調所を創立し、洋書を講習させた
（八）二百余年続いた官吏任用例に拘泥せず、人材を抜擢
（九）繁文縟礼を省き、諸藩献物の数を大幅に削減、藩主随行の従者を縮小するなど、行政改革を断行
（十）全国数十名の諸大名、幕臣四百数十名から、開国に関する意見を聴取し、公儀を開いた政治を実施

阿部正弘が亡くなる一年ほど前、初代駐日米領事として、下田に赴任してきたタウンゼント・ハリスは、阿部正弘の死を悼んで、日記に次のように書き残している。

『私は阿部伊勢守の逝去を知り、謹んで哀悼の意を表します。彼は国務大臣として第二位の地位に居られましたが、非常に影響力のある人物でした。

彼の識見は卓越しており、米欧列国の勢力を熟知していたように思います。

彼は、鎖国政策を固守すれば、戦争の惨禍を招くおそれがあり、開国のときが到来したことを確信していました。

今、彼を失ったことは、日本の自由で開明的なグループにとって、一大損失であります』

【主な参考文献】

『浦賀大変！　かわら版にみる黒船来航』浦賀歴史研究所
『かわら版・新聞　江戸明治三百事件Ⅱ　黒船来航から鳥羽伏見の戦い』平凡社
『奇妙な瓦版の世界』森田 健司著　青幻舎
『かわら版で読み解く江戸の大事件』森田健司著　彩図社
『江戸の瓦版　庶民を熱狂させたメディアの正体』森田 健司著　洋泉社
『開国のとき　小説 阿部正弘』上条 俊昭著　東洋経済新報社
『開国への布石　評伝・老中首座阿部正弘』土居 良三著　未来社
『安政維新　阿部正弘の生涯』穂高 健一著　南々社
『亜墨理駕船渡来日記』西川 武臣著　神奈川新聞社
『安政江戸地震』野口 武彦著　ちくま新書
『「江戸大地震之図」を読む』杉森 玲子著　角川選書
『災害教訓の継承に関する専門調査会報告書』中央防災会議

『阿部正弘　挙国体制で黒船来航に立ち向かった老中』後藤敦史著　戎光祥出版
『日本の歴史19　開国と攘夷』小西四郎著　中央公論新社
『開国と倒幕　集英社版　日本の歴史15』田中彰著　集英社
『その時歴史が動いた』ＮＨＫ取材班編　ＫＴＣ中央出版
『阿部正弘のすべて』新人物往来社編　新人物往来社
『第四十三　海防全書　上』嘉永六年
『すごろくで学ぶ安政の大地震』石川寛監修・平井敬編著　風媒社
『ハリス日本滞在記』タウンゼント・ハリス　坂田精一訳　岩波文庫
『ペリー提督日本遠征記上・下』Ｍ・Ｃ・ペリー、Ｆ・Ｌ・ホークス　宮崎壽子訳　角川ソフィア文庫

以上

〈著者紹介〉

紋田　允宏（もんでん　のぶひろ）
1939年1月28日生まれ
本名　門田　允宏（もんでん　のぶひろ）

慶應義塾大学経済学部卒業。
中部電力株式会社、NHK放送記者を経て
建設技術研究所株式会社、慶應義塾大学法学部非常勤講師、
NHKグローバルメディアサービス株式会社専門委員。

著書
『青年M』（鳥影社、2019年）

ペリー提督・
老中首座阿部正弘・
江戸庶民

2024年3月25日初版第1刷印刷
著　者　紋田允宏
発行者　百瀬精一
発行所　鳥影社（www.choeisha.com）
〒160-0023 東京都新宿区西新宿3-5-12 トーカン新宿7F
電話 03-5948-6470, FAX 0120-586-771
〒392-0012 長野県諏訪市四賀 229-1（本社・編集室）
電話 0266-53-2903, FAX 0266-58-6771
印刷・製本　モリモト印刷

ISBN978-4-86782-083-4　C0021